U0661283

朱子学提纲

钱穆/著

長江出版傳媒 | 长江文艺出版社

图书在版编目（C I P）数据

朱子学提纲 / 钱穆著. -- 武汉 ：长江文艺出版社，2020.10
（钱穆作品）
ISBN 978-7-5702-1779-3

Ⅰ. ①朱… Ⅱ. ①钱… Ⅲ. ①朱熹（1130-1200）－哲学思想－研究 Ⅳ. ①B244.75

中国版本图书馆 CIP 数据核字(2020)第 169941 号

策划编辑：陈俊帆
责任编辑：毛　娟　张　贝　　责任校对：毛　娟
封面设计：天行云翼·宋晓亮　　责任印制：邱　莉　杨　帆

出版：长江出版传媒 | 长江文艺出版社
地址：武汉市雄楚大街 268 号　　邮编：430070
发行：长江文艺出版社
http://www.cjlap.com
印刷：武汉中科兴业印务有限公司

开本：640 毫米×970 毫米　1/16　印张：16.25　插页：1 页
版次：2020 年 10 月第 1 版　　2020 年 10 月第 1 次印刷
字数：163 千字

定价：36.00 元

目录

弁言

弁　言

余自1964年夏，发意撰写《朱子新学案》。迄于69年11月，全稿告竣。因念牵涉太广，篇幅过巨，于70年初夏特撰《提纲》一篇，撮述书中要旨，并推广及于全部中国学术史。上自孔子，下迄清末，二千五百年中之儒学流变，旁及百家众说之杂出，以见朱子学术承先启后之意义价值所在。若未能读余新学案全书，窥此一篇，亦可约略得其宗趣。若求进窥全书，亦必以此篇为嚆矢也。1971年，新学案全书出版，因续将提纲分别单行，以便读者。

钱　穆

1971年11月识于台北士林外双溪之素书楼

拙著《朱子新学案》，分篇逾五十，全书超百万言，恐读者畏其繁猥，作此提纲，冠于书端，庶使进窥全书，易于寻究。

一　孔子与朱子

在中国历史上，前古有孔子，近古有朱子，此两人，皆在中国学术思想史及中国文化史上发出莫大声光，留下莫大影响。旷观全史，恐无第三人堪与伦比。孔子集前古学术思想之大成，开创儒学，成为中国文化传统中一主要骨干。北宋理学兴起，乃儒学之重光。朱子崛起南宋，不仅能集北宋以来理学之大成，并亦可谓其乃集孔子以下学术思想之大成。此两人，先后矗立，皆能汇纳群流，归之一趋。自有朱子，而后孔子以下之儒学，乃重获新生机，发挥新精神，直迄于今。

然儒学亦仅为中国传统文化中一主干，除儒学外，尚有百家众流，其崇孔尊孔，述朱阐朱者可勿论，其他百家众流，莫不欲自辟蹊径，另启途辙，而孔子朱子矗立中道，乃成为其他百家众流所共同批评之对象与共同抨击之目标。故此两人，实不仅为儒学传统之中心，乃亦为中国学术思想史上正反两面所共同集向之中心。不仅治儒学者，必先注意此两人，即治其他百家众流之学，亦必注意此两人，乃能如网在纲，如裘在领。不仅正反之兼尽，亦得全体之通贯。

孔子年代，距今已远，其成学经过，已难详索。后之崇孔尊孔者，亦惟以高山仰止之情，发为天纵大圣之叹而止。朱子距今仅逾八百年，书籍文字可资稽考者尚多，凡朱子之所以为朱子，其成学之经过，实可按图索骥，分年历述。故治朱子之学，比较可以具体而详尽，并亦有据而可证。学者潜心于此，可识儒学进修之阶梯，虽不能举一以概全，要之是典型之尚在，其所裨益，决非浅小。

孔子以来两千五百年，述之阐之者既多，反之攻之者亦众，事久而论定，故孔子之学，乃虽远而益彰。朱子距今仅八百年，后人之阐发容未能尽。而反朱攻朱者，多不出于百家众流，而转多出于儒学之同门。盖自有朱子，而儒学益臻光昌。自有朱子，而儒学几成独尊。于是于儒学中与朱子持异见者乃日起而无穷。群言淆乱，所争益微，剖解益难。故居今日而言朱子学，尚有使人不易骤获定论之憾。尊孔崇孔，乃朱子以后中国学术上一大趋向，而述朱阐朱，则尚是中国学术上一大争议。然诤朱攻朱，其说亦全从朱子学说中来。今果于朱子原书，能悉心寻求，详加发明，先泯门户之见，而务以发现真相为主。逮于真相既白，则述朱阐朱之与诤朱攻朱，正反双方，宜可得一折衷，由是乃可有渐得定论之望。此则不仅为治中国八百年来之学术思想史者一重大课题，实亦为治中国两千年来之儒学史者一重大课题。凡属关心中国文化大传统中此一主要骨干之精神所在，大旨所寄者，对于此一课题，皆当注意。作者不揣谫陋，发愤为此书，其主要意义亦在此。

二　先秦儒至汉儒的流变

今当自孔子以后迄于朱子，此一千七百年来之儒学流变，与夫百家众说之杂出，先作一概括之叙述。

自孔子殁后，孔门诸大弟子，分散列国，相与传扬孔子之道，其时儒学基础已奠定。然同时反对孔子与儒学者，亦即随而踵起。最著者有杨墨。孟子辞而辟之，廓如也。然百家众流，亦即继之竞兴，至荀子而有《非十二子》之篇。其所反对，不仅百家众流，即子思孟子亦在其列。当时称儒分为八，然惟孟荀称大宗。

及秦人一统，始皇帝顿尚法家言。汉兴，黄老道家骎盛。其时则战国时代之百家众流，渐趋消失，惟儒道法三家鼎峙成三，然儒家言犹尚若居道法两家之后。至汉武帝表彰六经，罢黜百家，而儒学跻于独盛。然此下汉儒之学，毕竟与先秦儒有区别。此种区别，大体由于双方所处时代背景不同而引生。

战国时代，列强纷争，天下未定，百家竞起，各欲揭其主张以为一世之蕲向。先秦儒为自身争存，亦相务于树新义，肆博辨。故其贡献，主要在理想方面者为多。汉代统一，局面大变，当时主要论点，在为此天下求实际之治平。汉初君臣，来自田间，本身初无学术修养，然深知民间疾苦，极欲与民休息，而道家清静无为之说，遂乘时兴起。然无为而治，事不可久，抑且无为即是不治，故汉初政治，实乃一依秦旧，承续法治之轨辙。及至武帝临朝，董仲舒对策，力言复古更化，复古乃复周之古，更化则更秦之化。周代绵历八百年，秦则不二世而亡，此乃历史教训，明白彰著。此下汉儒一般意向，均重在本历史，言治道。欲法周，则必上本之于六艺经典。当时谓六经起自周公而成于孔子之手，故曰孔子为汉制法。尊孔子，乃由于尊周治。尊周治，则必尊周公，尊六艺。故汉武帝兴太学，立五经博士，专以六艺设教，而《论语》乃与《孝经》《尔雅》并列为小学书。《尔雅》乃五经之字典，而《孝经》《论语》则仅是小学教本。《汉书·艺文志》上承刘向歆父子，分群书为七略。首六艺略，次诸子略，儒家者言居诸子略之首，曾子、子思、孟子、荀子皆属之，而孔子不与焉。《论语》《孝经》《尔雅》则同附六艺略之后，此乃汉儒心目中之学术分野，亦可谓汉儒尊经尤重于尊儒。史汉儒林传中序列诸儒，皆起汉初，而曾、思、孟、荀亦不预。此乃一代之新儒，以传经言治为业，与战国诸儒之以明道作人为倡者，畸轻畸重之间有不同。此一区别，首当明辨。换言之，先秦儒在汉儒心目中，亦属百家言。汉儒传经，乃即所谓王官之学，一则主张于朝廷，一则兴起于田野，其为不同，显然可知。

汉儒固若无伟大特创之政治理想，亦若无伟大杰出之政治人物，然而定法制，垂规模，坐而言，即继以起而行。两汉郅治，永为后世称羡而效法。汉儒之功，要为不可否认。

汉儒言治道，必本之于经术，而经籍之整理，事亦不易。先秦儒如孟子荀卿，虽亦时时称引《诗》《书》，然仅止于随所意欲而加称引，非求于经籍有通体之发挥。秦火以后，经籍残缺。汉儒治经之功，一则曰纂辑，再则曰训诂，又后而有章句，始于全经逐章逐句，一一解释。其间容多未是，又复各家之说不同，未能会归一致。然而汉儒治经之功，亦要为不可没。

今再综合言之，汉儒之为功于当时者，一为治道之实绩，一为传经之专业。又复渐分两途。一则专务治术，一则专守经业。迄于东汉季世，朝政不纲，治道日替，务于治术之儒，日失其职，而专一经业之儒，退处在野，乃大为一世所仰重。如许慎、马融、郑玄诸人，亦永为后世治经之宗师。然若谓汉儒功在传经，而忽其言治，则终为得其一而失其一，无当于汉儒之大全。

三　三国两晋至唐五代的儒学流变

三国两晋时代，天下分崩，两汉统一隆盛之世，渺不复接。时则庄老道家言乃与儒生经学代兴。又值佛教东来，其先尚是道家言在上，佛家言在下。南北朝以后，则地位互易，释家转踞道家之上。儒家经学，虽尚不绝如缕，要之如鼎三足，惟儒家一足为最弱。

若专言儒业，自东晋五胡以下，南方儒亦与北方儒有区别。大体言之，东晋南朝虽属偏安，其政府体制，朝廷规模，尚是承袭两汉，大格局尚在。而释道盛行，门第专擅，治道无可言，故其时之南方儒，只有沿袭汉儒传经一业，抱残守缺而止。北方自五胡云扰，下迄北魏建统，两汉以来之政府体制，朝廷规模，已扫地而尽。故其至要急务，厥在求治。幸而胡汉合作，政府尚知重用儒生，而北方诸儒，其所用心，言治道更重于言经术。亦可谓其时北方儒生，多半沿袭了汉儒重治绩之一边。自魏孝文变法下至西魏北周崛起，政治开新，皆出北方儒生之贡献。

然则南北朝儒，乃是分承汉儒之两面，而各作歧途之发展。下迄唐代开国，两汉统一盛运再见，孔颖达奉诏撰《五经正义》，即承汉儒及南朝诸儒治经一业而来，此为经学成绩之一大结集。而贞观一朝言治，即就其荟萃于《贞观政要》一书者而言，亦可谓多属粹然儒家之言，此乃上承汉儒及北朝诸儒言治一业而来。此后唐代儒家，在治道实绩方面，尚能持续有表现。在经学方面，则可谓自《五经正义》后即绝少嗣响。唐代经学之衰，实尚远较两晋南北朝为甚。此中亦有原因可说。

一则下至唐代，虽仍是儒释道三足并峙，而实际上，佛教已成一枝独秀。远自隋代以来，已有所谓中国佛教之兴起。此指天台华严禅三宗。而自武后以后，禅宗尤盛，几于掩胁天下，尽归禅门之下。士大夫寻求人生真理，奉为举世为人之最大宗主，与夫最后归宿者，几乎惟禅是主。至其从事治道实绩，则仅属私人之功名，尘世之俗业。在唐代人观念中，从事政治，实远不如汉儒所想之崇高而伟大。汉儒一心所尊，曰周公，曰孔子，六经远有其崇高之地位。唐代人心之所尊向，非释迦，则禅宗诸祖师。周公孔子，转退属次一等，则经学又何从而获盛。

次则唐代人之进身仕途，经学地位亦远不如文学地位之高。欲求出身，唐代之文选学，已接代了两汉之六艺学。唐代人无不能吟诗，但绝少能通经。在诗人中，亦可分儒释道三派。如谓杜甫是儒家，则李白是道家，王维是释家。依此分类，唐诗人中，惟儒家为最少。《文选》诗中，亦最少儒家诗。陶渊明乃是鹤立鸡群，卓尔不凡。而其诗入《文选》者亦特少。故就唐一代言，可谓无醇儒，亦无大儒。

就唐代言儒家，则必屈指首数及韩愈，然韩愈已在唐之中叶。韩愈尽力辟佛，极尊孟子，乃是一议论儒，近似战国先秦儒，而较远于汉儒。韩愈又提倡古文，求以超出于文选学之外。此亦为在当时欲致力复兴儒学一必然之要道。但韩愈用力虽大，收效则微。在政治上提挈韩愈为韩愈所追随之裴度，乃唐代一贤相，然其人亦信佛。与韩愈共同提倡古文者有柳宗元，然宗元亦信佛。追随韩愈从事古文运动者有李翱，作《复性书》三篇，根据《中庸》，重阐儒义，然其文亦复浸染于佛学。韩李身后，古文运动亦告停息，儒学复兴运动，则更可不论。

故通论有唐一代，儒学最为衰微，不仅不能比两汉，并亦不能比两晋南北朝。其开国时代之一番儒业，乃自周隋两代培植而来。其经学成绩，亦是东汉以下迄于隋代诸儒之成绩。唐初诸儒只加以一番之结集而已。唐代士大夫立身处世，所以仍不失儒家矩矱者，乃从以前门第传统中来。远自东汉直至唐代，大门第迭起，实尚保有儒家相传修身治家之风范与规格。自唐中晚之际，大门第相继崩溃，此种规格与风范，渐已不复存在。其时社会上乃只充斥着诗人与佛教信徒。佛教信徒终不免带有出世性，诗人则终不免带有浪漫性，于是光明灿烂盛极一时之大唐时代终不免于没落，而且没落到一个不可收拾的地步。五代在中国史上乃成为一段最黑暗时期。其时则真所谓天地闭，贤人隐，远不能比东汉以下之三国两晋。三国两晋时代虽乱，却有人物。从其人物群兴之一方面说，三国两晋却差可与战国相比。有了人，纵是乱，后面还可有希望。乱到没有了人，人物等第远远地降退，此下便无希望可言。五代亦有人物，则全在禅门之下。

四　宋之新儒

下及宋儒，便使人易于联想到理学，理学则后人称为是一种新儒学。其实理学在宋儒中亦属后起。理学兴起以前，已先有一大批宋儒，此一大批宋儒，早可称为是新儒。在某一意义上讲，理学兴起以前之宋儒，已与汉儒有不同。比较上，此一大批宋儒，可称为已具有回复到先秦儒的风气与魄力。

宋代虽亦称是统一时代，但宋代开国，北有辽，西有夏，并不曾有真统一。而且上承五代传下一派黑暗衰颓气象，因此宋代开国，绝不能和汉唐相比。汉唐诸儒，大体言之，似乎多怀有一番处在升平世的心情。宋代开国六七十年，儒运方起，当时诸儒所怀抱，似乎还脱不了一番拨乱世的心情。言外患，则辽夏并峙。言内忧，则积贫积弱，兵制财制，均待改革。而政府大体制，朝廷大规模，仍亦沿袭五代，初未有一番从头整顿。言社会文化风教，则依然是禅宗佛学，与夫骈四俪六之文章当道得势。宋儒处在此种形势下，不啻四面楚歌，因此其心情极刺激，不似汉唐儒之安和。而其学术门径，则转极开阔，能向多方面发展，不如汉唐儒之单纯。分析宋儒学术，当分几方面加以叙述。

一是政事治平之学。宋儒多能议政，又能从大处着眼。最著者，如范仲淹之《十事疏》，王安石之《万言书》，引起了庆历熙宁两番大变法。在汉唐儒中，惟汉初贾谊之《陈政事疏》，与夫董仲舒之《天人对策》，差堪媲美。惟贾董两文，开出了汉代儒家政治之新气运。而庆历熙宁变法，则转增纷扰，反而因此引起混乱局面，而北宋亦随之以亡。此乃由环境遗传种种因素相逼至此，不得怪范王对政事之无所见。其他诸儒，能议政，能从大处着眼，能阐申儒义，难于一一缕举。

其次曰经史之学，此与政事治平之学相表里。宋儒经学，与汉儒经学有不同。汉儒多尚专经讲习，纂辑训诂，着意所重，只在书本文字上。所谓通经致用，亦仅是因于政事，而牵引经义，初未能于大经大法有建树。宋儒经学，则多能于每一经之大义上发挥。尤著者，如胡瑗苏湖设教，分立经义治事两斋。经义即所以治事，治事必本于经义，此亦汉儒通经致用之意，而较之汉儒，意义更明切，气魄更宏大。神宗尝问胡瑗高弟刘彝，胡瑗与王安石孰优。刘彝对曰：

> 臣师胡瑗，以道德仁义教东南诸生时，王安石方在场屋中

> 修进士业。臣闻圣人之道，有体，有用，有文。君臣父子仁义礼乐，历世不可变者，其体也。诗书史传子集垂法后世者，其文也。举而措之天下，能润泽斯民，归于皇极者，其用也。国家累朝取士，不以体用为本，而尚声律浮华之词，是以风俗偷薄。臣师当宝元明道之间，尤病其失，遂以明体达用之学授诸生，夙夜勤瘁，二十余年，专切学校，故今学者明夫圣人体用以为政教之本，皆臣师之功，非安石比也。

此虽刘彝一人称崇其师之辞，然即谓此种精神，乃是北宋诸儒间之共同精神，亦无不可。胡瑗则当可推为乃倡导此种精神之第一人。

论北宋诸儒之治经，如胡瑗之于《易》与《洪范》，孙复之于《春秋》，李觏之于《周官》，此等皆元气磅礴，务大体，发新义，不规规于训诂章句，不得复以经儒经生目之。孙复书名《春秋尊王发微》，李觏书名《周礼致太平论》，即观其书名，亦可想见其治经意向之所在。其他如欧阳修、刘敞、王安石、苏轼诸人，皆研究经术，尚兼通，而亦皆喜辟新径，创新解，立新义，与汉儒治经风规大异，此亦北宋诸儒近似先秦儒气味之一征。

论及史学，尤是宋儒之擅场。如欧阳修之《五代史》《唐史》、司马光之《资治通鉴》，皆其荦荦大者。其他如苏辙之于古史，刘攽之于汉史，范祖禹之于唐史，刘恕之于上古及五代史，就一般而论，宋儒史学，显较汉唐儒为盛。而宋儒之于史学，亦好创立议论，不专于纂辑叙述考订而止。于著史考史外，特长论史，此亦宋代学术一新风气之特征。

又其次曰文章子集之学，此乃承唐韩愈之古文运动而来。远在五代，已有僧人在寺院内教佛徒读韩集。盖儒学既熸，治道大坏，一世不得安，虽寺院僧人，亦不能自外。故有寺院僧人提倡攻读韩集之事之出现，此诚大堪诧异，亦大值惊惕，而宋代学风将变，亦可据此而窥其端倪之已露，机缘之已熟。自欧阳修以下，古文大行。王安石、苏轼、曾巩尤为一代巨匠。宋诗亦与唐诗风格相异。而其时朝廷官式文章，则仍以四六为标准。虽欧阳、王、苏诸人，亦皆默尔遵守，独司马光为翰林学士，以不能为四六辞。神宗强之曰，如两汉制诏可也。世风之猝难骤革，即此可见。今专就文学论，汉代文学在辞赋，唐代文学在《文选》，皆在儒学范围之外。惟宋儒始绾文学与儒术而一之，此亦是宋儒一大贡献。

尤可注意者，乃北宋诸儒之多泛滥及于先秦之子部。即就儒家言，唐韩愈始提倡孟子，至宋代王安石特尊孟，奉之入孔子庙。而同时如李觏之《常语》，司马光之《疑孟》，皆犹于孟子肆意反对。然自宋以下，始以孔孟并称，与汉唐儒之并称周公孔子者，大异其趣。此乃中国儒学传统及整个学术思想史上一绝大转变，此风虽始于韩愈，而实成于宋儒。此当大书特书为之标出。其他如徐积有《荀子辩》，范仲淹以《中庸》授张载，苏洵闭户读书，当时号为通六经百家之说。及其子轼，父子为文，皆法《孟子》，兼参之《战国策》，有纵横家气息。轼尤喜庄子，其弟辙则喜老子。要之北宋诸儒，眼光开放，兴趣横逸。若依《汉书·艺文志》之学术分类，则汉儒如《史》《汉》《儒林传》所举，当多入《六艺略》，而宋儒则当入《诸子略》中之儒家者言。亦可谓汉儒乃经学之儒，而宋儒则转回到子学之儒，故宋儒不仅有疑子，亦复有疑经。如欧阳修之疑《十翼》，刘恕、苏辙、晁说之之疑《周礼》，此亦与汉儒之辨今古文争家法者大不同。经尚当疑，更何论后儒之经说。孙复有云：

> 专守王弼、韩康伯之说而求于《大易》，吾未见其能尽于《大易》也。专守左氏、公羊、谷梁、杜、何、范氏之说而求于《春秋》，吾未见其能尽于《春秋》也。专守毛苌、郑康成之说而求于《诗》，吾未见其能尽于《诗》也，专守孔氏之说而求于《书》，吾未见其能尽于《书》也。

宋儒之意，多贵于独寻遗经，戛戛自造一家之言，则于汉儒经说自不重视，故可谓宋儒之经学，实亦是一种子学之变相。

综是三者，一曰政事治平之学，一曰经史博古之学，一曰文章子集之学。宋儒为学，实乃兼经史子集四部之学而并包为一。若衡量之以汉唐儒之旧绳尺，若不免于博杂。又好创新说，竞标己见。然其要则归于明儒道以尊孔，拨乱世以返治。在宋儒之间，实自有一规格，自成一风气，固不得斥宋学于儒学之外，此则断断然者。故宋儒在自汉以下之儒统中，实已自成为新儒，不得谓自理学出世，始有新儒，此义必须明白标出。

五　宋代之理学

此下当论宋代之理学。

北宋理学开山，有四巨擘，周敦颐濂溪、张载横渠、程颢明道、程颐伊川兄弟。此四人，皆仕途沉沦，不居显职。在中朝之日浅，并未在治道实绩上有大表现。论其著作，濂溪分量特少，独有《易通书》与《太极图说》，一是短篇，一是小书，据朱子考订，《太极图说》亦当附《易通书》，非单独为篇，是则濂溪著书，仅有《易通书》一种。横渠有《正蒙》，亦如濂溪之《易通书》，皆是独抒己见，自成一家言。而《正蒙》篇幅特为宏大，组织亦更细密。要之厝此两家书于先秦子籍中，亦见杰出，决无逊色。窥此两家著书意向，竟可谓其欲各成一经，或说是各成一子，回视汉唐诸经儒，犹如大鹏翔寥廓，鷦鷯处薮泽。伊川一生，仅有《易传》一书，其书乃若欲与《五经正义》中王弼注争席，确然仍是经学传统，而在伊川本意，则其书非为传经，乃为传道。除此以外，明道伊川兄弟，皆仅有语录传世，由其门人弟子记录，体制俨似禅家。二程自居为孟子以下传统大儒，乃不避效袭禅宗之语录体，此等大胆作风，较之濂溪横渠之欲自造一经自成一子者，似更远过。惟在《二程语录》中，极多说经语，亦有训诂考据，较之濂溪横渠著书，洁净精微，只求自发己旨，绝不见说经痕迹者又不同。故此四人中，惟二程尚差与汉唐说经儒较近，此亦特当指出。

至于史学，此四人似皆不甚厝意。谢良佐上蔡自负该博，对明道举史书，不遗一字，明道告之曰：贤却记得许多，可谓玩物丧志。上蔡闻之，汗流浃背。上蔡又录五经语作一册，明道见之，亦谓其玩物丧志。然上蔡又曰：看明道读史，亦逐项看过，不差一字。今《二程语录》中亦时见其论史，而濂溪横渠书中则颇少见。可知濂溪、横渠、明道、伊川四人，确然已是一种新学风，与以前北宋儒风又有大不同，惟明道伊川尚犹稍近，不如周张之甚。

若论文章之学，亦惟明道伊川两人尚有文集传世。据直斋《书录解题》，濂溪亦有文集七卷，然皆不传，传者仅《爱莲说》等小文数篇。横渠于文章之学若更少厝怀。惟其所为《西铭》，乃悬为此下理学家中最大文字，明道称之曰：某得此意，无此笔力。又曰：自《孟子》后盖未见此书。要之此四人，皆不甚重文章。濂溪《通书》有曰：文所以载道，轮辕饰而人弗庸，徒饰也，况虚车乎？第以文艺为能，艺而已矣。明道亦言：学者先学文，鲜有能至道，如博观泛滥，亦自为害。伊川亦曰：今之学者歧而为三，能文者谓之文士，谈经者谓之讲师，惟知道者乃儒学。又曰：以博闻强记巧文丽辞为工，荣华其言，鲜有至于道者。盖此四人之为学，经籍固所究心，子部亦颇涉及，惟亦志不在此。至于文史之学，似更淡远，而于文章为尤甚。

上举宋儒学术三途，一曰政事治道，一曰经史博古，一曰文章子集，会诸途而并进，同异趋于一归，是为北宋诸儒之学风。及理学家出而其风丕变。其转变精微处，固是仅可心知其意，不当强指曲说。然就外面事象言之，一则濂溪以下四人皆于仕途未达，故言治道政事者较少。横渠《与范巽之书》有曰：朝廷以道学政术为二事，此正自古之可忧者。王安石变法，明道横渠皆被摈，其专明道学，即所以争政术，此一也。又此四人既不在中朝，迹近隐沦，虽二程较显，然此四人交游声气皆不广，故其学特于反己自得有深诣。黄鲁直山谷称濂溪曰：

> 茂叔人品甚高，胸怀洒落，如光风霁月。好读书，雅意林壑，初不为人窘束。廉于取名，而锐于求志。陋于希世，而尚友千古。

山谷乃文章之士，而此称道濂溪者，后之理学家莫不认其为是知德之言，善乎形容有道气象。其“廉于取名”，“陋于希世”之四语，实道出濂溪当时之际遇与操心。张栻南轩亦谓濂溪之学举世不知。然则濂溪学之在当时，纵谓乃是一种隐士之学。亦无不可。

横渠有诗《上尧夫先生兼寄伯淳正叔》云：

先生高卧洛城中，洛邑簪缨幸所同。顾我七年清渭上，并游无侣又春风。

汴京为当时政治中心，洛邑则为当时人物中心。邵雍康节与二程同住洛邑，其交游应接，上之视濂溪，同时视横渠，皆较为广泛与热闹。在北宋理学四巨擘中，二程学风较与濂溪横渠不同，似亦不能谓与其交游应接间更无若干之关系。而当时理学之传，濂溪身后最阒寂，横渠门庭亦清淡，惟伊洛厥传最大，亦可证其中之消息。

以上乃从外貌上指出北宋理学家与其先宋儒学术不同。故北宋诸儒实已为自汉以下儒统中之新儒，而北宋之理学家，则尤当目为新儒中之新儒。今再进一步指出理学家之所以为学与其所谓为学者究何在。理学家在当时，自称其学曰道学，又称理学，亦可称曰性道之学或性理之学，又可称为心性义理之学。政事治道、经史博古、文章子集之学比较皆在外，皆可向外求之，而心性义理之学，则一本之于内，惟当向内求，不当向外求。昔汉儒以谶纬之学为内学，后人又以佛学为内学。然则于宋学中，是否亦可称理学为内学，似亦无妨，然在理学家中则决不认此称。

今人又谓宋代理学渊源实自方外，所谓方外，即指道释两家言。然当时理学家主要宗旨正在辨老释。唐韩愈著《原道》篇，亦为辨老释，惟辨之不精，老释之言流衍如故。北宋诸儒，只重在阐孔子，扬儒学，比较似置老释于一旁，认为昌于此则息于彼。欧阳修《本论》可为其代表。其言曰：

> 佛法为中国患千余岁，千岁之患遍于天下，岂一人一日之可为。民之沉酣，入于骨髓，非口舌之可胜。然则将奈何？曰：莫若修其本以胜之。

凡政事治平、经史博古、文章子集之学，皆所以修其本。然亦有于此三途之学皆有深造，而终不免于逃禅之归，如王安石苏轼其著者。其他宋儒中信佛者，更不胜缕举。理学家之主要对象与其重大用意，则正在于辟禅辟佛，余锋及于老氏道家。亦可谓北宋诸儒乃外于释老而求发扬孔子之大道与儒学之正统；理学诸儒则在针对释老而求发扬孔子之大道与儒学之正统。明得此一分辨，乃能进而略述理学家之所以为学，与其所谓为学之所在，亦即理学家之用心与其贡献之所在。

濂溪《太极图》，或谓传自陈抟，此层即朱子亦不否认。又有谓其与胡宿在润州同师鹤林寺僧寿涯，而传其《易书》。黄宗羲辟之曰：使其学而果是，则陈抟、寿涯亦周子之老聃、苌弘；使其学而果非，即日取二氏而谆谆然辩之，则范缜之《神灭》，傅奕之《昌言》，无与乎圣学之明晦。顾宪成谓元公不辟佛，高攀龙则曰：元公之书，字字与佛相反，即谓之字字辟佛可也。当时亦有谓濂溪初与东林总游，久之无所入。总教之静坐，月余忽有得，呈诗云云。要之濂溪学之所从来，今已无可深求，寿涯东林总之传说，其事皆可出伪造，然亦不待力辨。惟高黄所言，可谓的当。就其书而论其学，始为最可信。濂溪自言志伊尹之所志，学颜子之所学，此其自道所志所学，岂不与胡瑗、范仲淹等先起诸儒相近。此乃北宋儒学一大体趋向。惟外王之学，则似前胜于后，内圣之学，则似后胜于前，如此而已。

伊川为其兄作《明道先生行状》，谓：

> 先生之学，自十五六时，闻汝南周茂叔论道，遂厌科举之业，慨然有求道之志。未知其要，泛滥于诸家，出入于老释者几十年，返求诸六经而后得之。辨异端似是之非，开百代未明之惑，秦汉而下，未有臻斯理也。

又曰：

> 自孟子没而圣学不传，以兴起斯文为己任。其言曰：道之不明，异端害之也。昔之害近而易知，今之害深而难辨。昔之惑人也，乘其迷暗。今之入人也，因其高明。自谓之穷神知化，而不足以开物成务。言为无不周遍，实则外于伦理。

此曰泛滥诸家，出入老释，虽濂溪之学无可详言，当亦如此。即北宋前辈诸儒，虽多不染佛学，然其泛滥诸家，殆亦同然。惟曰如是者几十年，乃始返求诸六经，则不仅北宋诸儒无此先例，恐濂溪亦复不然。胡瑗治《易》，孙复治《春秋》，此乃宋儒研经开先两大宗。范仲淹“先天下之忧而忧，后天下之乐而乐”，感论国事时至泣下，其学当特重治道政事，而时称其泛通六经，尤长于《易》。

则宋儒在先本近汉儒之通经致用。惟自欧阳修以下，则其学又似多从唐韩愈入。故特重文章，旁及子史，于经学则皆尚兼通，不务专修。濂溪似专务于研玩易书，转近先辈，要之决无先则泛滥出入于诸家与释老，继乃反求诸六经之事。不仅北宋诸儒不如此，即濂溪似亦不如此，甚至明道宜亦不如此。伊川之言，一则谓明道之学，其先虽由濂溪之启迪，最后则归于一己之自得。再则谓其学虽一本诸六经，实亦泛滥出入于百家与释老。先则兼通旁求，后则归于一本。如是参之，始为近实。若拘泥字句以求，转恐不得明道为学之真相，亦将不得伊川立言之真意。

再进一层求之，濂溪虽阐明正学，而无直斥异端之语。明道始排斥老释，而目之曰异端。又多两面对勘之辞。不入虎穴，焉得虎子，明道盖于老释异端，用心特深，故能针对老释而发扬孔子之大道与儒学之正统，其事端待明道而始著。又其推尊孟子，而自居为获得圣学不传之秘，此则亦是承袭韩愈，而一面又承自濂溪寻孔颜乐处之教。故其学一本心源，与文章博览之学，终属异趣。

伊川之学，与明道大同。观其在太学所为《颜子所好何学论》，可见其亦受启迪于濂溪令二人寻孔颜乐处之教。然伊川平生，不甚言濂溪，其言濂溪必曰茂叔，于胡瑗独称安定先生。盖胡瑗在太学主讲时命此题，伊川亲在弟子之列，胡瑗得伊川文而大奇之，处以学职。而伊川惟一著书为《易传》，安定濂溪，固皆治《易》，似亦不无影响。

或又谓明道不废观释老书，与学者言，有时偶举佛语，伊川一切屏除，虽庄列亦不看。朱子辨之云：释老书后来须看，不看无缘知他道理。然则明道伊川两人，性气宽严固别，意量宏密亦异。纵朱子谓伊川后来亦须看释老书，然其融通释老，则必不能如明道之高浑。明道尝言：异日能使人尊严师道者，吾弟也；若接引后学，随人才而成就之，则予不得让焉。此不惟见两人为人之有异，亦见两人为学之有异。

横渠少喜谈兵，慨然以功名自许。年十八，上书谒范仲淹，仲淹责之曰：儒者何事于兵。手《中庸》一编授焉。遂翻然志于道，求诸释老，反之六经。是横渠亦探讨释老，而又能得其深旨。及至京师，拥皋比讲《易》，赴听者甚众。晤二程，乃横渠外兄弟之子，与语厌服。遂辍讲，告来听者曰：二程深明《易》道，可往师之。其学以《易》为宗，以《中庸》为的，以《礼》为体，以孔孟为极。所著书有《正蒙》《横渠理窟》及《易说》十卷，又《西铭》《东铭》两篇。《易说》今不传，二程尤推崇其《西铭》，谓自《孟子》后未见此书。每以《大学》《西铭》开示来学。伊川又曰：某接人治经论道者亦甚多。肯言及治体者，诚未有如子厚。然则横渠之学，能言性理，能言经术，能言治体，能深入释老而辟之，其规模极壮阔，然其学之传不广，远不能与二程伊洛相比。

然则在北宋理学中，若无二程，仅有濂溪、横渠，恐将不获有广大之传，而理学之名，亦恐不得成立。故言理学者，每以二程为宗。

以上略述孔子以下儒学传统与其流变既迄，此下当述及朱子。

六　朱子为集儒学之大成者

首当先述朱子之集理学之大成。

理学在北宋，惟伊洛程门有其传。及至南宋，所谓理学传宗，同时亦即是伊洛传宗。朱子亦从此传统来。但至朱子，乃始推尊濂溪，奉为理学开山，确认濂溪之学乃二程所自出。

吕希哲原明尝谓二程初从濂溪游，后青出于蓝。原明亲受业于伊川之门下。其孙本中居仁亦曰：二程始从茂叔，后更自光大。居仁又曾从游于杨时龟山、游酢定夫、尹焞和靖之门，三人皆程门弟子。然则谓二程学不从濂溪出，必乃程氏之门自言之。二程既只称濂溪为茂叔，未有先生之呼，而游定夫乃称周茂叔穷禅客，此五字并见于《程氏遗书》卷六。濂溪《太极图》，二程生平绝未提及。在南宋之世，正式主张濂溪启程氏兄弟以不传之妙，一回万古之光明者，为湖湘学者胡宏五峰。朱子继起，亦谓二程于濂溪，非若孔子之于老聃、郯子、苌弘。然同时汪应辰即贻书争辩。故朱子又曰：大抵近世诸公，知濂溪甚浅。即濂溪二子，亦失其家学之传。朱子始为《太极图说》与《通书》作解，濂溪著作，一一加以整理发明。又为稽考其生平，虽小节不遗，使后世重知濂溪其人之始末，与其学之蕴奥者，惟朱子之功。至其确定周程传统，虽发于五峰，亦成于朱子。

朱子又极盛推横渠。二程于横渠，固甚重其《西铭》，然明道尝谓有有德之言，有造道之言，谓《西铭》则仅是造道之言。伊川《答横渠书》谓：吾叔之见，以大概气象言之，则有苦心极力之象，而无宽裕温和之气，非明睿所照，而考索至此。故意屡偏而言多窒，小出入时有之。此则尤指其《正蒙》言。朱子则谓横渠心统性情之说，二程无一语似此切。又云：伊川说神化等，不似横渠较说得分明。又曰：横渠说工夫处，更精切似二程。此亦皆指《正蒙》言。朱子又为横渠《西铭》与濂溪《太极图》同作义解，并谓近见儒者多议此两书之失，或乃未尝通其文义而妄肆诋诃。当知此等诋诃，亦出理学门中。当时理学界，知重二程，不知重周张。陆九渊象山之兄九韶梭山，亦与朱子辨《西铭》，象山继之，后与朱子辨《太极》。即朱子至友吕祖谦东莱，亦于朱子之言《太极》《西铭》者不能无疑。张栻南轩亦时持异议。朱子于庆元六年庚申三月辛酉，改《大学·诚意》章，越后三日，即为朱子易箦之日，此事尽人知之。然在前两夕己未，为诸生说《太极图》。前一夕庚申，为诸生说《西铭》。可见此两书朱子奉以终身，其谆谆之意，大可想见。后人言北宋理学，必兼举周、张、二程，然此事之论定，实由朱子。

朱子于北宋理学，不仅汇通周、张、二程四家，使之会归合一。又扩大其范围，及于邵雍尧夫，司马光君实两人，特作六先生画像赞，以康节涑水与周张二程并举齐尊。二程与康节同居洛邑，过从甚密。康节长于数学，然二程于此颇忽视。明道尝曰：尧夫欲传数学于某兄弟，某兄弟那得工夫。或问康节之数于伊川，伊川答曰：某与尧夫同里巷居三十余年，世间事无所不问，惟未尝一字及数。康节以数学格物，一日雷起，谓伊川曰：子知雷起处乎？伊川曰：某知之。尧夫不知也。康节愕然，曰：何谓也？曰：既知之，安用数推？以其不知，故待推而知。康节问：子以为何处起？曰：起于起处。朱子则于康节数学特所欣赏。康节又以数学研史，杨龟山有曰：《皇极》之书，皆孔子所未言，然其论古今治乱成败之变，若合符节，恨未得其门而入。朱子尤特欣赏康节之史学。康节疾革，伊川问：从此永诀，更有见告乎？康节举两手示之，曰：面前路径须令宽，路窄则自无着身处，况能使人行。此不仅论立身处世，亦当可以推论学术。朱子为《伊洛渊源录》，康节不与，乃认康节与伊洛异趋。然以康节列六先生之一，此在理学传统内，殆亦有路径令宽之意。

涑水特长史学，著《资治通鉴》，朱子作《纲目》继之，其意盖欲以史学扩大理学之范围。涑水特与康节相善，然未尝及其先天学。涑水亦治《易》，而不喜康节先天之说。顾朱子于康节之先天学又特所推重。故朱子虽为理学大宗师，其名字与濂溪、横渠、明道、伊川并重，后人称为濂洛关闽，然朱子之理学疆境，实较北宋四家远为开阔，称之为集北宋理学之大成，朱子决无愧色。

其次当论朱子集宋学之大成。此乃指理学兴起以前北宋诸儒之学言。上分北宋儒学为三项，一政事治道之学，一经史博古之学，一文章子集之学。朱子自筮仕以至属纩，五十年间，历事四朝，然仕于外者仅九考，立于朝者仅四十日。洪氏《年谱》谓：天将以先生绍往圣之统，觉来世之迷，故啬之于彼，而厚之于此。然朱子于政事治道之学，可谓于理学界中最特出。试观其壬午、庚子、戊申诸封事，议论光明正大，指陈确切着实，体用兼备，理事互尽，厝诸北宋诸儒乃及古今名贤大奏议中，断当在第一流之列。又其在州郡之行政实绩，如在南康军之救荒，在漳州之正经界，虽其事有成有败，然其精心果为，与夫强立不反之风，历代名疆吏施政，其可赞佩，亦不过如此。又朱子注意史学，于历代人物贤奸，制度得失，事为利病，治乱关键，莫不探讨精密，了如指掌。尤其于北宋熙宁变法，新旧党争，能平心评判，抉摘幽微，既不蹈道学家之义理空言，亦不陷于当时名士贤大夫之意气积习。以朱子之学养，果获大用，则汉唐名相政绩，宜非难致。朱子《祭张南轩》文谓：兄乔木之故家，而我衡茅之贱士。兄高明而宏博，我狷狭而迂滞。故我尝谓兄宜以是而行之当时，兄亦谓我盍以是而传之来裔。此固朱子逊让之辞，亦见朱子抱负所重在此。然论两人政事治道之学，朱子所成就决不下于南轩。此其一。

经学实不为理学诸儒所重视，虽亦时有说经之言，乃借之自申己意，多无当于经文之本旨。朱子博览群经，衡评北宋诸儒与二程横渠之说，往往右彼抑此。于欧阳、王、苏诸人极多称重，而程张转多贬辞。亦可谓程张乃以理学说经，而北宋诸儒则以经学说经。若分经学理学为两途，则朱子之理学，固承袭程张，而其经学，则继踵北宋诸儒。能绾经学理学为一途，则端赖有朱子。

史学更非理学家所重。朱子史学，则不仅接迹温公，时且轶出其前。同时至友东莱，精治史学，其后流衍为浙东功利一派，大为朱子所非。盖朱子亦欲求理学史学之一贯，史学正可以开广理学之门庭。其违离理学而独立，则亦不为朱子所许。

至于文学，更为理学家所鄙视。惟朱子独精妙文辞，自谓其学文章，乃由慕效曾巩为入门。就理学言，虽韩愈柳宗元，皆致纠弹。专就文学言，即如苏轼，其学术思想，朱子尝备极排拒，独于其文章，则推为大家，亦盛加称誉。尤其朱子之于诗，乃欲超宋越唐，上追选体。以旧风格表新意境，又另是一种旧瓶装新酒。北宋理学家能诗者惟邵康节。然朱子特重康节之数学与史学，乃不重其诗。此其襟怀之开阔，识解之平允，古今实少其匹。

至于子集之学，濂溪只称颜子。二程以孟子为限断。虽曰泛滥于百家，实于百家不见有广博之追寻。北宋诸儒，乃从韩愈之言而益加推衍，于西汉举出董仲舒与扬雄，于隋举王通，于唐举韩愈，以为儒家道统在是。朱子于董、扬、王、韩四人皆多评骘，尤于王通《中说》，辨其伪而存其正，阐其驳而抉其失，非浅浅用心者所能及。于董仲舒，则只取“明其道不计其功，正其谊不求其利”两语。于扬韩，则尤贬抑为多。即于孟子，亦有微辞，谓其不如颜子。所以为此分别者，因颜子能明得四代礼乐，有此本领，可见于治道讲究有素。孟子说得粗疏，只说“五亩之宅树之以桑”，“如其礼乐，以俟君子”，未见得做得与做不得，只说着教人欢喜。又曰：孟子自担负不浅，不知怎生做。此等分辨，乃发理学家所未发。

其论理学兴起，则曰：

亦有其渐。自范文正以来，已有好议论。如山东有孙明复，徂徕有石守道，湖州有胡安定。到后来，遂有周子、程子、张子出。故程子平生，不敢忘此数公，依旧尊他。

又曰：

亦是时世渐好，故此等人出，有鲁一变气象。其后遂有二先生出。

伊川称明道之卒，当时同以为孟子之后，传圣人之道者，一人而已。推朱子之意，似未必于伊川之言完全首肯。厥后黄震东发传朱子之学，于此一端，特再提出。全谢山《宋元学案》，首胡安定，次孙泰山，次范高平，亦以此三人为首，乃见宋学理学之一贯相承，亦明标其意为一本于朱子。

老释之学，理学家同所申斥。朱子于庄老两家颇多发挥，亦不全加废弃。其于释氏，尤其于禅宗，则特有精辨。于理学家中，朱子辟禅之语最多。后代理学家所辨儒释疆界，其说几全本于朱子。

以上略述朱子集宋学理学之大成者，大致具是。此下当进而述及朱子集汉唐儒大成之所在。

汉唐儒之学，主要在经，亦可谓其时则儒学即经学。宋儒之学不专在经，文史百家之业与经学并盛，故可谓至宋儒，乃成为一种新儒学，经学仅占其一部分。抑且汉唐儒经学之成绩，主要在章句注疏，宋儒经学，不拘拘在此，重要在创新义，发新论，亦可谓宋儒经学乃是一种新经学。朱子治经，承袭北宋诸儒，而其创新义，发新论，较又过之。然朱子亦甚重汉唐经学之传统。

朱子极重视注疏，其早年为《论语训蒙口义》，即曰：

> 本之注疏以通其训诂，参之释文以正其音读，然后会之于诸老先生之说，以发其精微。

此则自始即以会通汉唐经学于当时新兴理学家言为帜志。直至其最后《论孟集注》《中庸章句》成书，此一帜志终亦不变。朱子又曰：

> 祖宗以来，学者但守注疏，其后便论道，如二苏直是要论道，但注疏如何弃得。

理学家风气，正在要论道，朱子将论道与解经分开，最为明通之见。不仅以此矫北宋诸儒之病，更要乃在矫当时理学家之病。

朱子于汉唐儒最重郑玄，曾曰：康成也可谓大儒，考礼名数大有功。其弟子问《礼记》古注外无以加否，曰郑注自好，看注看疏自可了。又曰：

近看《中庸》古注，极有好处。摆脱传注，须是两程先生方始开得这口。若后学未到此地位，便承虚接响，容易呵叱，恐属僭越，不可不戒。

又论《中庸》“至诚无息”一段，谓诸儒说多不明，只是古注好。

郑氏说有如是广博，如是深厚，《章句》中虽是用他意，然当初只欲辞简，反不似他说得分晓。

朱子之于郑氏，其推尊如是。其解《中庸》至诚无息一段，尽弃当时理学家言，单采郑说，可谓是只眼孤明，迥出寻常。晚年修礼书，有曰：近看得《周礼》《仪礼》一过，注疏现成，却觉不甚费力。又屡告其及门同预纂校之役者必注意注疏，奉为根据。

朱子重郑玄外亦重马融，并亦推重其他诸家。有曰：

东汉诸儒煞好，卢植也好。

又曰：

后汉郑玄与王肃之学，互相诋呰，王肃固多非是，然亦有考援得好处。

又曰：

> 《礼记》有王肃注煞好。

虽专反郑玄如王肃，朱子亦有推许，此与后世之专一尊郑媚郑者，意趣亦复大异。

然朱子于古注，亦非一味推尊。尝曰：

> 赵岐《孟子》，拙而不明。王弼《周易》，巧而不明。

又曰：

> 古来人解书，只有一个韦昭无理会。

又曰：

> 五经中《周礼》疏最好，《诗》与《礼记》次之。《书》《易》疏乱道。《易》疏只是将王辅嗣注来虚说一片。

朱子论经学，既重注疏，亦重专家与师说。尝曰：

> 圣贤之言，有渊奥尔雅，不可以臆断。其制度名物，行事本末，又非今日见闻所能及。故治经者必因先儒已成之说而推之。汉之诸儒，所以专门名家，各守师说，而不敢轻有变焉。

但其守之太拘，不能精思明辨以求真是，则为病耳。然以此之故，当时风气终是淳厚。近年以来，习俗苟偷，学无宗主。注经者不复读其经之本文，与夫先儒之传注，以意扭捏，妄作主张。今欲正之，莫若讨论诸经之说，各立家法，而皆以注疏为主。

然朱子意中所谓家法，亦不专限于汉儒。又曰：

《易》则兼取胡瑗、石介、欧阳修、王安石、邵雍、程颐、张载、吕大临、杨时。《书》则兼取刘敞、王安石、苏轼、程颐、杨时、晁说之、叶梦得、吴棫、薛季宣、吕祖谦。《诗》则兼取欧阳修、苏轼、程颐、张载、王安石、吕大临、杨时、吕祖谦。

《周礼》则刘敞、王安石、杨时。《仪礼》则刘敞。《二戴礼记》则刘敞、程颐、张载、吕大临。《春秋》则啖助、赵正、陆淳、孙明复、刘敞、程颐、胡安国。

是朱子于经学，虽主以汉唐古注疏为主，亦采及北宋诸儒，又采及理学家言，并又采及南宋与朱子同时之人。其意实欲融贯古今，汇纳群流，采撷英华，酿制新实。此其气魄之伟大，局度之宽宏，在儒学传统中，惟郑玄差堪在伯仲之列。惟两人时代不同，朱子又后郑玄一千年，学术思想之递衍，积愈厚而变益新。朱子不仅欲创造出一番新经学，实欲发展出一番新理学。经学与理学相结合，又增之以百家文史之学。至其直接先秦，以《孟子》《学》《庸》羽翼孔门《论语》之传，而使当时儒学达于理想的新巅峰，其事尤非汉唐以迄北宋诸儒之所及。故谓朱子乃是孔子以下集儒学之大成，其言决非过夸而逾量。

今就朱子所举宋代经学名家，其中理学家，仅伊川、横渠两人，而濂溪、明道皆不列。程张以下，仅列杨时、吕大临，其他理学家亦不得与。可见当时理学家之于经学，在朱子意中，实多浅尝，非能深涉。厥后顾炎武谓经学即理学，舍经学安所得理学哉，此言亦恐不为朱子所首肯。而当时理学家谓二程直得孟子不传之秘，于汉唐以下经学，搁置一旁，不加理会，斯亦决非朱子所同意。

朱子又不仅于经学如此，尝谓：

> 《庄》《老》二书解注者甚多，竟无一人说得他本义出，只据他臆说。某若拈出，便别，只是不欲得。

此乃朱子之自信语。亦是朱子确曾下过工夫，故能有此自信。可见朱子于各家说《庄》《老》者，亦曾博观纵览，乃欲以解经方法来解子，解《庄》《老》二书，运用纯客观方法，以求发得《庄》《老》二书之本义与真相。惟因精力不敷，兴趣不属，乃置而不为。其实朱子之解濂溪《太极图说》与《通书》，以及横渠之《西铭》，其所运用之方法，亦是一种解经方法。朱子至友如张南轩，亦谓朱子句句而解，字字而求，不无差失。盖当时理学界风气，读书只贵通大义，乃继起立新说，新说愈兴起，传统愈脱落。此风在北宋诸儒已所不免，而理学家尤甚。即南轩亦仍在此风气中。惟朱子，一面固最能创新义，一面又最能守传统。其为注解，无论古今人书，皆务为句句而解，字字而求，此正是汉儒传经章句训诂工夫，只求发明书中之本义与真相，不容丝毫臆见测说之掺杂。此正是经学上传统工夫。明得前人本意，与发挥自己新意，事不相妨。故经学之与理学，贵在相济，不在独申，合则两美，分则两损。朱子学之着精神处正在此。

以上略述孔子以下迄于朱子儒学传统之流变，及朱子之所以为集儒学之大成者，大体竟。下当转述朱子本人学术思想之大概。

七　朱子之理气论

叙述朱子思想，首先当提出其主要之两部分。一为其理气论，又一为其心性论。理气论略当于近人所谓之宇宙论及形上学。心性论乃由宇宙论形上学落实到人生哲学上。

在北宋理学四大家中，二程于宇宙论形上学方面较少探究。濂溪横渠则于此有大贡献。但二程谓横渠《正蒙》下语多有未莹，朱子接受二程此番意见，其论理气，主要根据为濂溪之《太极图说》，而以横渠《正蒙》为副。

朱子论宇宙万物本体，必兼言理气。气指其实质部分，理则约略相当于寄寓在此实质内之性，或可说是实质之内一切之条理与规范。

朱子虽理气分言，但认为只是一体浑成，而非两体对立。此层最当深体，乃可无失朱子立言宗旨。朱子云：

天下未有无理之气，亦未有无气之理。

有是理，便有是气。

理未尝离乎气。

无理，将不能有气。但无气，亦将不见有理。故此两者，不仅是同时并存，实乃是一体浑成。

朱子把此说归纳之于濂溪之《太极图说》。故曰：

太极只是天地万物之理，但太极却不是一物，无方所顿放，故周子曰无极而太极。

又曰：

才说太极，便带着阴阳。才说性，便带着气。不带着阴阳与气，太极与性那里收附？然要得分明，又不可不拆开说。

把理气拆开说，把太极与阴阳拆开说，乃为要求得对此一体分明之一种方便法门。不得因拆开说了，乃认为有理与气，太极与阴阳为两体而对立。

理与气既非两体对立，则自无先后可言。但若有人坚要问个先后，则朱子必言理先而气后。故曰：

未有天地之先，毕竟也只是先有此理，便有此天地。若无此理，便亦无天地，无人、无物，都无该载了。

又曰：

先有个天理了，却有气。

有是理，便有是气，但理是本。

但朱子亦并不是说今日有此理，明日有此气。虽说有先后，还是一体浑成，并无时间相隔。惟若有人硬要如此问，则只有如此答。但亦只是理推，非是实论。

朱子又说：

阴静是太极之本。然阴静又自阳动而生。一静一动，便是一个辟阖。自其辟阖之大者推而上之，更无穷极，不可以本始言。

必要言天地本始，朱子似无此兴趣，故不复作进一步的研寻。太极即在阴阳之内，犹之言理即在气内。一气又分阴阳，但阴阳亦不是两体对立，仍只是一气浑成。若定要说阴先阳后，或阳先阴后，朱子亦并不赞评。

但既如此，为何定不说气先理后，理不离气，有了气自见理，太极即在阴阳里，有了阴阳也自见太极，因若如此说，则气为主而理为附，阴阳为主而太极为副，如此则成了唯气论，亦即是唯物论。宇宙唯物的主张，朱子极所反对，通观朱子思想大体自知。

但既曰理为本，又曰先理后气，则此宇宙是否乃是一唯理的，此层朱子亦表反对。朱子说：

> 佛氏却不说著气，以为此已是渣滓，必外此然后可以为道，遂至于绝灭人伦，外形骸，皆以为不足恤。

又曰：

> 事事物物上便有大本。若只说大本，便是释老之学。

又曰：

> 有一种人，思虑向里去，嫌眼前道理粗，于事物上都不理会，此乃谈玄说妙之病，其流必入于异端。

朱子之学，重在内外本末精粗两面俱尽，唯理论容易落虚，单凭虚理，抹杀实事，朱子亦不之许。

朱子又说：

> 说穷理，则似悬空无捉摸处。说格物，则只就那形而下之器，寻那形而上之道，便见得这个元不相离。

又曰：

> 人都把这道理作个悬空底物。大学不说穷理，只说格物，便是要人就事物上理会。

以上见朱子之宇宙论，既不主唯气，亦不主唯理，亦不主理气对立，而认为理事只是一体。惟有时不如此说，常把理气分开，谓：

> 在物上看，则二物浑沦不可分开。若在理上看，则虽未有物，而已有物之理。然亦但有其理，未尝实有是物。

此如今人说，未有飞机，先有飞机之理。人只能凭此理创此物，不能说为要创此物，同时却创此理。更不能说，必待先有了飞机才始有飞机之理。朱子又说：

> 且如万一山河大地都陷了，毕竟理却只在这里。

此如说飞机坏了，飞机之理尚在。但若没有飞机，那项飞机之理，究亦无处顿放，无处挂搭。所以理气当合看，但有时亦当分离开来看。分离开来看，有些处会看得更清楚。

理是一，气是多。理是常，气是变。没有多与变，便看不见一与常。但在理论上，究不能说只有多与变，没有一与常。纵使离开了多与变，此一与常者究竟还存在。但朱子又不许人真个离了多与变来认此一与常。似乎又不认多与变外还另有一与常。故说周子曰无极而太极，是他说得有功处。

朱子此项理气一体之宇宙观，在理学思想上讲，实是一项创见，前所未有。濂溪只讲太极与阴阳，此乃上承《易经·系辞》来。朱子换了两个新名词，说理与气，说得更明白，更确切。如说物物一太极，究不如说物各有理更恰当。横渠《正蒙》说太虚与气，说太虚究亦不如说无极太极，较深允，较确切。故朱子理气论，只引据濂溪《太极图》，而对横渠《正蒙》一大清虚之说，则亦加以辨正。说虚字究不如说理字，但单说理字则仍是虚。濂溪言太极，亦不如朱子言理气之为恰当而明确。明道有言：吾学虽有所受，天理二字，却是自家体贴出来。此所谓之天理，多半似只当属于人生界。此下理学家多以天理人欲对称，此亦只指人心人事言，与朱子言理气之理，高下广狭有不同。因此说朱子理气论，实是一番创论，为其前周、张、二程所未到。但由朱子说来，却觉其与周张二程所言处处吻合。只见其因袭，不见其创造。此乃朱子思想之最伟大处，然亦因此使人骤然难于窥到朱子思想之真际与深处。

朱子解经极审慎，务求解出原书本义。但亦有时极大胆，极创辟，似与原书本义太不相干。如《论语》“获罪于天，无所祷也”，朱子注“天即理也”。孔子只说祷于天，没有说祷于理，朱子注语岂非大背原义。但此等处正见理学精神，实亦见北宋诸儒之精神。后来清儒拈出此等处，对朱子与宋儒大肆讥呵，只在训诂上争，却不在学术思想上分辨，未免为小而失大。

但《论语》注“天即理也”四字，也还未尽朱子说天之义。《中庸章句》有云：

天以阴阳五行化生万物，天即理也。

此条兼举理气言。若谓天以阴阳五行化生万物，故阴阳五行之化生即是天，此则仍有未尽。在阴阳五行化生之里面，尚犹有理，故又增上“天即理也”四字。但若谓天以理化生万物，此又误。因如此说来，又似天在理之上，则试问天又是何物。故朱子要极度推尊濂溪在“太极”之前加上“无极”二字，但说天即太极，究不如说天即理之遥为恰当。至于横渠《正蒙》，则朱子多取其讨论阴阳五行之化生处，而于其言太虚，言清虚一大，则只依二程，谓其下语未莹。此等处皆是极费斟酌而来，亦是极富创辟精神，后人看惯了反觉陈腐，那是后人不应该。朱子又说：

若论本原，则有理然后有气。若论禀赋，则有是气而后理随而具。

此处分别从宇宙与人生界来论理气先后，更为明晰。《中庸章句》亦云：

气以成形，理亦赋焉。

从宇宙界说，是理在气先。从人生界说，则又气在理先。朱子《论孟集注》《学庸章句》皆由其一己思想之最后结论凝练而来。一面当认取其深厚之传统性，一面当认取其精辟之创造性。二者合一，乃可见朱子思想之大全。也只因后人看惯了，故在此等处亦复不深加理会。

今再就朱子天即理之说，引述其又一创辟之见，此为探究理气论所必当注意者。朱子云：

> 理无情意，无计度，无造作，只此气凝聚处，理便在其中。

又曰：

> 理只是个净洁空阔底世界，无形迹。他却不会造作。气则能酝酿凝聚生物。

又说：

> 形而上者是理。才有作用，便是形而下者。

故又说：

> 气强理弱。理拗不转气。亦如气生形质，形质又强过了

气，气又拗不转形质。

此一说似极奇特，亦极平实。今若说，天即是理，而理又是无情意、无计度，因亦不能有造作与作用，则天亦是无情意、无计度、无造作、无作用。如此则宇宙万物究从何来，此处朱子把来截断了，不再向上推。只说有此宇宙万物，则必见有理。苟不然，也不能有此宇宙万物。如此而止。故朱子又说，宇宙间万物也有限，并不能随时随意创造。如桃树必开桃花，结桃子，不能在桃树上开李花，结李子。理如此，天也无奈何。但也不是理在要如此，因理无情意，无计度，并亦无力要能如此。此说渊源，实乃自庄老道家之自然义。老子说：

天法道，道法自然。

“道”“理”二字，自理学家说来，本可无分别。然则此处乃是朱子会通了庄老道家之自然义而创出此说。濂溪《太极图说》，远则渊源于《易·系辞》，近则传授自陈抟。《易经》与道家言，本属相通。朱子之宇宙论，既是渊源于濂溪之《太极图》，故亦兼通于《易》与道。但从此更当进一层分辨。道家主张乃是一本于自然，朱子理气论则认自然只是一道，故说有气则必有理。在宇宙形上界，理是无情意，无计度，无造作，无作用。但一落到人生形下界，人却可以凭此理来造作，理乃变成了有作用。人生界在气的圈子之内，自当有情意，有计度。只要此情意计度合乎理，则此理便会发生作用与造作。如是则又从庄老道家转回到孔孟儒家来。此一层，当待讲到朱子之心性论，才见有发挥，有着落。

在此，只可谓在宋代理学家思想中，实已包进了道家言，而加之以融化。周、张、二程皆如此，到朱子而益臻于圆通无碍。若仅就某一部分认为理学思想即是道家思想，则仍把握不到理学思想主要精神之所在。

以上约略说了朱子之理气论，以下再引述其心性论。

八　朱子之心性论

性属理，心属气，必先明白了朱子之理气论，始能探究朱子之心性论。

朱子极称伊川“性即理也”一语。谓：

> 伊川性即理也，自孔孟后无人见得到此，亦是从古无人敢如此道。

又曰：

> 如性即理也一语，直自孔子后惟是伊川说得尽。

其实孔孟书中并不见有“性即理也”之语，只因宋代理学家敢于说从古未有人说的话。但就论其实，伊川说此话，也与朱子之说有不同。伊川云：

> 性即理也，所谓理性是也。天下之理，原其所自，未有不善。喜怒哀乐之未发，何尝不善。发而中节，则无往而不善。发不中节，然后为不善。

可见伊川“性即理也”之语，主要在发挥孟子性善义，只就人生界立论，而朱子则用来上通之于宇宙界。亦可谓朱子乃就其自所创立有关宇宙界之理气论而来阐申伊川此语之义。要之伊川言性理，偏重在人生界，朱子言性理，则直从宇宙界来，此乃两人之所异。

伊川又曰：

> 道孰为大，性为大。人之性则亦大矣，人之自小者，亦可哀也。人之性一也，世人皆曰吾何能为圣人，是不自信也。动物有知，植物有知，其性自异。但赋形于天地，其理则一。

此仍在阐发孟子性善义，仍偏囿在人生界。虽亦兼及物性，但只从人生界推出，非从宇宙界落下。朱子则曰：

> 性只是理，万理之总名。此理亦只是天地间公共之理，禀

得来，便为我所有。

此是说天理禀赋在人物者为性，如此则宇宙界人生界一贯直下，形上形下，交融无间。今说天即是理，则在人物身上各自占有了一分天。此把庄老道家精义已尽量接受，而确然转成其为儒家义。此见朱子思想组织力之伟大，消化力之细腻，而在朱子，则只似依据伊川一语加以引申，不见有自己用力处。此乃朱子思想之邃密不可及处，亦是朱子思想之骤难把捉处。

伊川又言：

论性不论气不备，论气不论性不明。

此处把性与气分言。朱子说之曰：

大抵人有此形气，则是此理始具于形气之中而谓之性。才是说性，便已涉乎有生，而兼乎气质，不得为性之本体。然性之本体亦未尝杂。要人就此上面见得其本体元未尝离，亦未尝杂耳。

此处朱子阐说伊川“性即理也”一语，更入深微。理是天地公共底，性则是人物各别底。理属先天，性属后天。由理降落为性，已是移了一层次。朱子说理气合一，故说性气不离。朱子又主理气分言，故说性气不杂。但万物之性，各为其形气所拘，回不到天地公共底理上去。人性则可不为形气所拘，由己性直通于天理。此处要有一番工夫，此一番工夫则全在心上用。此乃全从人生界立说，若言宇宙界，则无工夫可用。惟在人生界用工夫，仍必以上通宇宙界为归极。若只囿在人生界，而至于违背了宇宙界，则一切工夫皆属错用。宇宙界之与人生界，自朱子理想言，仍当是一体两分，非两体对立，其贯通处则正在性。性是体，其发而为工夫则在心，心属用。

朱子言性即理，又说性气不相离，亦不相杂，此处又把张程所言天地之性义理之性气质之性之分别全都融化了。此等分别，至是乃似无必要。思想递转而益进，愈演而愈密，但在朱子文章与说话中，又像并不显著，此贵读者之细心体玩。

又朱子说理只是个净洁空阔底世界，无形迹，不会造作，有人疑此等说法从佛家来，但释氏禅宗主张性空理空，朱子则说理必附气，性必附心。若说理不是一个净洁空阔底世界，又如何能附在气上，遍及气中。理如此，性亦然。正因其必附在气上，遍及气中，故理实非虚。一虚一实，为朱子分别儒释疆界一大鸿沟，此层俟下再述。

以上略说朱子论性，以下当再略述朱子之论心。

朱子论宇宙界，似说理之重要性更过于气。但论人生界，则似心之重要性尤过于性。因论宇宙界，只在说明此实体而落到人生界。要由人返天，仍使人生界与宇宙界合一，则更重在工夫，工夫则全在心上用，故说心字尤更重要。但却不能说朱子重要说心，便接近了所谓唯心论。因心只属于气，朱子既不主唯气，自亦不主唯心。

后人又多说，程朱主性即理，陆王主心即理，因此分别程朱为理学，陆王为心学。此一区别，实亦不甚恰当。理学家中善言心者莫过于朱子。此下再略举其说。或人问朱子：

> 先生说心者，天理在人之全体，又说性者天理之全体，此何以别？曰：分说时，且恁地。若将心与性合作一处说，须有别。

说心性，犹如其说理气，可以分说，可以合说。心性亦非两体对立，仍属一体两分。故又说：

> 性便是心之所有之理。
>
> 心便是理之所会之地。
>
> 性是理，心是包含该载，敷施发用底。

就宇宙界言，理则包含该载在气。就人生界言，性则包含该载在心。理无情意，无计度，无造作，无作用，性亦然。心则有情意，有计度，有造作，有作用。故理之敷施发用在气，而性之敷施发用则在心。气之敷施发用只是一自然，而心之敷施发用则在人为。应从自然中发出人为，又应从人为中回归自然。并应从人为中发展出自然中之一切可能与其最高可能。此始谓之道义，始是人生界最高理想与最大责任所在，亦始是人心之最大功用所在。

故说：

> 心性理，拈着一个，则都贯穿。

后人又称理学曰性理之学，依照上引语，可见性理之学正即是心学。一切对性与理之认识与工夫，将全靠心。若抹去了心，将无性理学可言。故又说：

> 所知觉者是理，理不离知觉，知觉不离理。

就宇宙界论，则理不离气。就人生界论，则曰理不离知觉。理不离知觉，即是理不离心。故又曰：

> 理无心，则无着处。
>
> 所觉者心之理，能觉者气之灵。

就宇宙界论，则理在气。就人生界论，则理在心。心是气之灵，惟人类独得此气之灵，故能有此心，能觉此理。然既曰气非即是理，则亦必曰心非即是理。心只是觉。须待此心所觉全是理，满心皆理，始是到了心即理境界。此心所觉之理，不仅是宇宙自然方面者，亦复涉及人生文化方面。人生文化方面之理，亦即在宇宙自然之理之中，此在性即理之一论题中已有交代。人心能明觉到此理，一面可自尽己性，一面可上达天理，则既可宏扬文化，亦可宣赞自然。儒家精义之所异于老释异端者在此，而理学家之终极目标亦在此。

心非即是理，只是一虚灵。惟其是一虚灵，故能明觉此理。《大学章句》有云：

> 虚灵不昧，以具众理而应万事。

《孟子集注》亦云：

> 心者人之神明，所以具众理而应万事。

人类有心，即能具此神明。但须到圣人，始能全此体而尽其用。此处则有一套方法，即是一套工夫，理学家所讨究之最精邃处，即在此一套方法与工夫上。故理学决非仅是一套纯思辨之学，更贵在能有以证成此一套思辨之方法与工夫。故理学家既有一套本体论，尤必有一套方法论与工夫论。若仅认有此本体，而无与此相应之一套方法与工夫，则所知不实，所觉仍虚，非真本体，将如画饼之不足以充饥。

朱子又谓释氏禅宗乃是主心即理之说者，故曰：

> 释氏擎拳竖拂，运水搬柴之说，岂不见此心，岂不识此心，而卒不可与入尧舜之道。正为不见天理，而专认此心为主宰，故不免流于自私。前辈有言，圣人本天，释氏本心，盖

谓此。

本天，即是本理，理必具于心，而心非即是理，此辨已详理气论。

朱子又曰：

> 横渠说，心能检其性，人能弘道也。性不知检其心，非道弘人也。此意却好。

此亦上引理弱气强说一实证。理不能有造作，拗不转气，但气亦管不得理。就宇宙界言，理气两行，一体浑成，谁也主宰不得谁，所以道家谓之为自然。在自然中有人类，人则有心，心能检性，即是说心能检点理。从宇宙界言，似乎理乃是一主宰。但此一主宰，乃是消极性的，只能使气之一切活动不能越出理之范畴，却不能主宰气使作某等活动。否则此宇宙早成为一理想的，而非是一自然的。今就人生界言，则心能主宰理，即是能检点此理，配合于人生理想，而使其尽量获得发挥，由理想的人生界来达到一理想之宇宙界。如是言之，则转成为气能主宰理。此气则专指心言，故又曰：心者，气之精爽。

朱子又说：

> 性者道之形体，心者性之郛郭，康节这数句极好。

道即是理，理无形体，性便是其形体。物各具性，即是物各有理。

但此只就宇宙自然界言。落实到人生界，则具此性者为心，心便能收拾得这性，检点这性，使之发生作用。谓之郛郭者，人性只在心之内，不在心之外。故又说：心将性做馅子模样。馒头有了馅子始有味，心之内存得有性，此心始有意义可言。但朱子又说：

若是指性来做心说则不可。今人往往以心来说性，须是先认得方可说。

指性做心说，则性将不成其为理。若以心来说性则可，但须先识得心与性之区别所在与其会通所在。

以上是朱子杂引了横渠康节所说，以见心能检性，性却不能检心。心能包性，性却不能包心。故朱子又说：

自古圣贤相传，只是理会一个心。

即此可见朱子对心之重视。所谓理会，则本体认识与方法运用都已兼举在内。

朱子又极称横渠心统性情之说，谓：

心统性情，二程却无一句似此切。

又曰：

孟子说心许多，皆未有此语端的。其他诸子等书，皆无依稀似此。

朱子称赞横渠此一语，不仅谓其胜过了二程，抑且谓其胜过了孟子。此处即可见宋代理学家精神，一面极具传统性，另一面又极具开创性，而朱子尤为其代表。朱子阐说横渠此语，谓：

性者，心之理。情者，性之动。心者，性情之主。

性对情言，心对性情言。合如此是性，动处是情，主宰是心。

又曰：

性以理言，情乃发用处，心即管摄性情。

又曰：

心统性情，该动静，而为之主宰。

朱子又说：

"天命之谓性"，命便是告劄之类。性便是合当做底职事，如主簿销注，县尉巡捕。心便是官人。气质便是官人所习尚，

> 或宽或猛。情便是当厅处断事。如县尉捉捕得贼，情便是发用处。

此处把性、命、心、情、气质等字，解释得一一清楚明白。人生一切职事，还是由天所派。但人在此等职事上，还得自作主宰。天派了你职事，不能代你作主宰。各人在自作主宰时，还有气质不同，感情不同，这些亦都受于天，但要主宰得当。却不是要你全没有了气质之异，感情之动，始来作主宰。

朱子又说：

> 虚明应物，知得这事合恁地，那事合恁地，这便是心。当这事感，则这理应，那事感，则那理应，这便是性。出头露面来底便是情。其实只是一个物事。

心是能觉，性是所觉，情是性之出头露面处。由宇宙自然界言，此三者似统一在性。由人生文化界言，此三者须统一在心。若只认得性情是自然，却不认得主宰在心，此是错了。但若只认得主宰在心，却不认得性情乃本之自然，亦同样是错。

上面已说到宋代理学家共同主要精神之所在。横渠又说：为天地立心，为生民立命，为往圣继绝学，为万世开太平。此一套绝学，其实也只是一套心学，根据上所引述，自可循之推寻。

九　朱子论宇宙之仁

以上略述朱子之理气论与心性论。在此，朱子已尽力指陈了心之重要。在人生界中之心，正可与在宇宙界中之理相匹配。而就人生界论人生，则心之重要更过于理。因理是已存底，而心则是待发底。亦可谓理属体，心则主要在用，在工夫论上，故尤为理学家所重视。所以说，谓陆王是心学，程朱是理学，此一分别，未为恰当。若说陆王心学乃是专偏重在人生界，程朱理学则兼重人生界与宇宙界，如此言之，庶较近实。

今试问天地是否亦有心，即是说宇宙自然是否亦有心，朱子对此问题，似乎主张说天地亦有心。朱子说：

天地以生物为心。天包着地，别无所作为，只是生物而已。亘古亘今，生生不穷，人物则得此生物之心以为心。

又曰：

天地以此心普及万物，人得之，遂为人之心，物得之，遂为物之心，草木禽兽接着，遂为草木禽兽之心。只是一个天地之心尔。今须要知得它有心处，又要见得它无心处。

如此说来，朱子看天地，似乎认其在有心无心之间。天地只是一自然，此是无心的。但若只说理与气，一则冷酷无情，一则纷扰错纵，不能说人生界一切道理便只从这无情与纷扰中来，儒家因此从宇宙大自然中提出一生命观，理则名之曰生理，气则称之曰生气，《易·系辞》说天地之大德曰生，又曰复见天地之心。朱子说之曰：

谓如一树，春荣夏敷，至秋乃实，至冬乃成。方其自小而大，各有生意。到冬时，疑若树无生意矣，不知却自收敛在下。每实各具生理，便见生生不穷之意。

此乃即就草木来说明宇宙，提出生气生理生意等字眼，说有意便如说有心。朱子又曰：

万物生长，是天地无心时。枯槁欲生，是天地有心时。

当万物之各遂其生，自然生长时，则若不见天地之有心。若使天地有心，将不复是自然，亦将不见万物之各有其生，而只成为宇宙间一被生物。但到万物生命力收藏或萎缩近至不复有生时，而其生命力又渐渐茁壮起来，此则不得谓天地之无心。若果天地无心，何从在自然中报出生命？又如何使此生命永远继继承承而不绝？

康节有一诗云：

> 冬至子之半，天心无改移。一阳初动处，万物未生时。玄酒味方淡，大音声正希。此言如不信，更请问庖牺。

朱子说此诗云：

> 万物生时，此心非不见，但天地之心悉已布散丛杂，无非此理呈露，倒多了难见。若会看者能于此观之，则所见无非天地之心。惟是复时，万物未生，只有一个天地之心昭然著见在这里，所以易看。

朱子此说分析甚精。又盛赞康节此诗，谓其是振古豪杰。朱子又曰：

> 复未见造化，而造化之心于此可见。

到此处，朱子直说自然造化即见天地有心。王弼注《易经》复卦谓：寂然至无，是其本矣；动息地中，乃天地之心见。朱子斥之谓：说无，是胡说。王弼承庄老道家义，谓自然中有生命，乃是自无生有。儒家不认无是天地之本。天地即是造化，造化中即涵有生命。当复之时，虽生命之迹尚未见，而造化之心则已见，不得谓之无。

朱子又谓：

> 造化周流，未著形质，便是形而上，属阳。才丽于形质，为人物，为金木水火土，便转动不得，便是形而下，属阴。

故虽说“一动一静互为其根，分阴分阳两仪立焉”，但究竟仍该以阳动在先，阴静在后。在先是流行变动，未著形质时。在后则已丽于形质，成了一格局。此种形质，则无不将变坏衰灭，但下面还是会生生不已。故朱子说：

> 统是一个生意。

如此，亦可说儒家说造化，说生，是说了此宇宙之阳面。道家说自然，说无，是说了此宇宙之阴面。朱子根据《易·系辞》来畅阐儒义，而其根据于新兴理学诸儒者，则主要尤在濂溪与康节。

朱子从此理论上特地提出一“仁”字。朱子说：

> 仁是天地之生气。

仁是个生底意思。

生底意思是仁。

又曰：

只从生意上说仁。

天地生这物时，便有个仁。

仁便有个动而善之意。

又曰：

仁者，天地生物之心。

又曰：

千头万件，都只是这一个物事流出来，仁是个主，即心。

又曰：

发明心字，一言以蔽之曰生而已。天地之大德曰生，人受天地之气以生，故此心必仁，仁则生矣。

又曰：

当来得于天者，只是个仁，所以为心之全体。

又曰：

万物之心，便如天地之心。天下人之心，便如圣人之心。天地生万物，一个物里面便有一个天地之心。圣人于天下，一个人里面，便有一个圣人之心。

朱子专就心之生处心之仁处着眼，至是而宇宙万物乃得通为一体。当知从来儒家发挥“仁”字到此境界者，正惟朱子一人。老子曰：天地不仁，以万物为刍狗。从老子道家义，则此宇宙大整体，乃是一不仁之体。由朱子言之，则此宇宙大整体，乃是一至仁之体。然其间仍有分别处。由上向下言之，则万物各得天地之心，与天地之仁。若由下向上言之，则惟圣人乃能全得此心之仁，上与天地合德。从此乃生出关于心方面之种种方法论与工夫论，待以下加以阐述。

十　朱子论宇宙之神

以上略述朱子论此宇宙之仁，此下当再述朱子论此宇宙之神。亦可谓理与气乃此宇宙之体，仁与神则是此宇宙之用。必兼此体用四者来看，乃见朱子宇宙论之全貌。

横渠有言：

> 鬼神者，二气之良能。

伊川则谓：

> 鬼神者，造化之迹。

朱子论鬼神，大体本之张程，惟谓程说不如张。盖“迹”字下得粗，不如“能”字更深切。朱子自说己意则曰：

鬼神是这气里面神灵相似。

此意承横渠，谓气里面有一种作用，此种作用谓之鬼神，或只说神，此即是气之能。若以神与理相比，理属形而上，神属形而下。故朱子又说：

说鬼神，毕竟就气处多，发出光彩便是神。

如此则伊川说鬼神为造化之迹，亦已得之，惟不若横渠与朱子说得更精妙。朱子又曰：

神便在心里，凝在里面为精，发出光彩为神。

此谓心是气之精爽，神是气之光彩。朱子又说：

往来屈伸者气也。神伸也，鬼屈也。如风雨雷电初发时，神也。及至风止雨过，雷住电息，鬼也。

又曰：

> 鬼神不过阴阳消长，亭毒化育，风雨晦冥皆是。

风雨晦冥指其迹，亭毒化育见其能。就天地之生理生气生意言，可谓天地亦有心。心是气之精，发出光彩便是神。则又可说气是体，而心与神则是其用。朱子又曰：

> 言鬼神，自有迹者而言。言神，只言其妙而不可测识。

又曰：

> 且就这一身看，自会笑语，有许多聪明知识，这是如何得恁地？虚空之中，忽然有风有雨，有雷有电，这是如何得恁地？这都是阴阳相感，都是鬼神。看得到这里，见一身只是个躯壳在这里，内外无非天地阴阳之气。所以说，“天地之塞吾其体，天地之帅吾其性”。

如此说来，天地人物只是一体。此一体，合而言之曰气，分而言之曰阴阳。阴阳相感，往来屈伸，遂演出种种造化。此种种造化，妙而不可测识，故称之曰神。神则只是一种造化之作用或功能。分而言之，则曰鬼神。在此种作用或功能之背后，则必有理之存在。故朱子又曰：

> 神是理之发用，而乘气以出入。

此处见张程专就二气言鬼神，朱子则又进一步兼理气而言鬼神。若要问神究该属理抑属气，则神自是属于气一边。而气之所以能神，则因气之中有理。否则此一气，纷扰错纵，将不会有神妙之作用。朱子之所推阐引发，似较张程更为详密，更为开展。其实朱子言神鬼，已与古经籍中之言鬼神者异趣，但朱子仍必追溯之于古经籍，而一一为之会合阐说，因曰：

> 宰我问鬼神一章最精密，包括得尽，亦是当时弟子记录得好。

是则朱子言鬼神，不仅推本之于张程，亦且推本之于孔子。骤读朱子书，一一分别而观，若其言必有本，并无创见自立说之处。朱子乃浑化其一己思想于从来之大传统中，使人不见其痕迹。换辞言之，朱子乃自从来大传统中酝酿发展其思想，而亦不自知其为创见与自立说。孔子之“述而不作，信而好古”，后代大儒，实惟朱子似之。

朱子又更进而分别言之，曰：

> 今且说大界限。《周礼》言：天曰神，地曰祇，人曰鬼。三者皆有神，而天独曰神者，以其常常流动不息，故专以神言之。若人自亦有神，但在人身上则谓之神，散则谓之鬼。鬼是散而静了，更无形，故曰“往而不返”。

鬼只指其气之散而静，往而不返者。神则指其专一发见，流动不息，妙而不可测识者。自宇宙界言，其间虽亦有散而尽之气，但综观此宇宙之大气，则只是流动不息，妙而不可测识。自人生界言，则各人之气，终必有散而尽，往而不返之时。故在天则曰神，在人则曰鬼。换言之，天地之气常在，人之气则必消散。然细言之，则天地常在之气之中亦不断有消散，人气在未消散时亦不断有流动不息之妙。此乃朱子论鬼神之本旨。其释《周礼》所言之鬼神，则一如其注《论语》之言天即理，此处可见朱子终是一卓越之理学家，因其有创见，能自立说，与标准之经学家毕竟有不同。因经学家则都不能有创见与自立说。

朱子又曰：

> 横渠云：阴阳二气，推行以渐谓化；阖辟不测谓神。伊川先生说神化等，却不似横渠说得分明。

又曰：

> “神化”二字，虽程子说得亦不甚分明。惟是横渠推出来。推行有渐为化，合一不测为神。

朱子又极称横渠“一故神，两在故不测；两故化，推行乎一”之四语。又自为之说曰：

> 一不能化，惟两而后能化。且如一阴一阳，始能化生万物。虽是两个，要之亦是推行乎此一。

朱子于横渠此数语，再三称叹。既曰说得极好，又曰说得极精。盖北宋理学诸儒，能言宇宙界者，端推濂溪、康节、横渠三家，二程则较逊。朱子乃会通此三家以完成其宇宙论之体系。大要言之，不外是一体两分，两体合一之两语。其论理气，论阴阳，论鬼神，皆是。又如其言仁与神之与理气，亦仍是一体两分，两体合一。其论宇宙界与人生界，亦仍还是一体两分与两体合一。识得此意，推而求之，则于朱子一切所言，自有迎刃而解之乐。

朱子又引横渠言：

> 物之初生，气日至而滋息。物生既盈，气日反而游散。至之谓神，以其伸。反之为鬼，以其归。

因言：

> 天下万事万物，自古及今，只是个阴阳消息屈伸。横渠将屈伸说得贯通。

又曰：

横渠物之始生一章，尤说得分晓。

朱子因此说：

人者鬼神之会。

是则人生即是一小宇宙，亦是一小造化。朱子又曰：

不是有此物时便有此鬼神，乃是有这鬼神了方有此物。及至有此物了，又不能违夫鬼神也。

此言鬼神，即是言造化，乃是有了造化乃有此物，不可说有此物时便有此造化也。

朱子又自鬼神而言死生，因曰：

“归根”乃老子语，毕竟无归。如月影映在这盆水里，除了这盆水，这影便无了。岂是飞上天，归那月里去？又如花落便无了，岂是归去那里，明年复来生这枝上？问：人死时，这知觉便散否？曰：不是散，是尽了，气尽则知觉亦尽。

又曰：

死便是都散尽了。

大钧播物，一去便体，岂有散而复聚之气。

又曰：

天运不息，品物流形，无万物皆逝，而已独不去之理。

又曰：

日月寒暑晦明，可言反复。死无复生之理。

今作一例推说，恐堕于释氏轮回之论。

又曰：

一受其成形，此性遂为吾有，虽死而犹不灭，截然自为一物，藏乎寂然一体之中，则自开辟以来，积至于今，其重并积叠，计已无地可容。且乾坤造化，如大洪垆，人物生生无少休息，是乃所谓实然之理，不忧其断灭也。今乃以一片大虚寂目之，而反认人物已死之知觉谓之实然之理，岂不误哉。

又曰：

儒者以理为不生不灭，释氏以神识为不生不灭，真似冰炭。

此处朱子力辟释氏之轮回说与神识不灭说，俗传人死为鬼之说，亦可不待辟而知其妄。故朱子曰：世俗大抵十分有八分胡说，只二分亦有此理。其实朱子言鬼神，虽亦一一引据古经籍，显与古经籍中观念有分歧。朱子又因而推及于魂魄义，祭祀义，要之皆是杂糅新旧，自创一说，合而组成一思想大体系。貌若陈旧，实则新鲜。故论理学家之大传统，则自当属于儒家，但亦不害其在大传统下之各有所创造。此乃凡理学家皆然，而博大精深，能于传统创造双方各臻其极，则必首推朱子。

十一　朱子之圣人难为论

以上略述朱子言宇宙之仁与神。在此大仁至神之造化中，而有人物生生。人则得气最灵，其间乃有圣人出，上合天德，法乎天地之大仁至神而参赞宇宙之造化。濂溪有言：

> 士希贤，贤希圣，圣希天。

此为理学家之最大宗旨与最大目标，亦可谓理学即是一种希圣希天之学。惟圣人有易为不易为两说。主张圣人易为之说者，当推孟子为始。而颜子则曰：既竭吾力，如有所立卓尔。虽欲从之，末由也已。此由亲炙孔子，而发为圣人不易为之叹。濂溪曰：学颜子之所学。似亦不言圣人易为。朱子亦然。今当继述朱子之圣人难为论。

朱子有曰：

某十数岁时，读《孟子》言“圣人与我同类者”，喜不可言。以为圣人亦易做。今方觉得难。

又曰：

人做得底，却有天做不得底。天能生物，而耕种必用人。水能润物，而灌溉必用人。火能熯物，而薪爨必用人。财成辅相，须是人做。

人须能有裁成辅相天地之功能，极其至者为圣人。此可见圣人之不易为。故曰：

圣人赞天地之化育。天下事有不恰好处，被圣人做得都好。丹朱不肖，尧则以天下与人。

洪水泛滥，舜寻得禹而民得安居。桀纣暴虐，汤武起而诛之。

天只生得许多人物，与你许多道理，然天却自做不得，所以必得圣人为之修道立教，以教化百姓。所谓“裁成天地之道，辅相天地之宜”。盖天地做不得底，却须圣人为他做。

这见得圣人是什么样大力量。恰似天地有阙罅处，得圣人出来补得教周全后，过得稍久，又不免有阙，又得圣贤出来补。这见得圣贤是什力量，直有阖辟乾坤之功。

又曰：

天地只是自然，圣人法天，做这许多节措出来。

朱子又举出“范围天地之化而不过，曲成万物而不遗”这两句来说。

天地之化，滔滔无穷，如一垆汁，熔化不息。圣人则为之铸写成器，使人模范匡郭，不使过中道。就事物之分量形质，随其大小阔狭长短方圆，无不各成就。范围天地，是极其大而言。曲成万物，是极其小而言。

又说圣人当：

继天地之志，述天地之事。

外极规模之大，内推至于事事物物处，莫不尽其工夫，此所以为圣人之学。

正如佛家说，为此一大事因缘出见于世。千言万语，只是说这个道理。若还一日不扶持，便倒了。圣人只是常欲扶持这个道理，教它撑天柱地。

以某观之，做个圣贤，千难万难。如释氏则今夜痛说一顿，有利根者当下便悟，只是个无量之秤。

此见朱子所意想中之圣人，乃是连结宇宙界与人生界而合一说之。朱子又深于史学，故其所意想中之圣人，又是会通古今历代人事之兴衰治乱而融贯说之。若有人说圣人易为，朱子却要说他近禅。又曰：

某道古时圣贤易做，后世圣贤难做。古时只是顺那自然做将去，而今大故费手。

又曰：

自古无不晓事底圣贤，亦无不通变底圣贤，亦无关门独坐底圣贤。只理会得门内事，门外事便了不得。所以圣人教人要博学。如今只道是持敬，收拾身心，日用要合道理，无差失，此固是好。然而出应天下事，应这事得时，应那事又不得。若谓只言忠信，行笃敬便可，则自汉唐以来，岂是无此等人。因甚道统之传却不曾得，亦可见。

又曰：

古者论圣人，都说聪明。

圣主于德，固不在多能，然圣人未有不多能。

若只去学多能，则只是一个杂骨董底人。

又曰：

圣人不见用，所以人只见他小小技艺。若其得用，便做出大功业来，不复有小小技艺之可见。

又曰：

有禹汤之德，便有禹汤之业。有伊周之德，便有伊周之业。终不如万石君，不言而躬行，凡事一切不理会。

又曰：

圣人贤于尧舜处，却在于收拾累代圣人之典章礼乐制度义理以垂于世。

又曰：

颜子不是一个衰善底人，看他是多少聪明。又敢问为邦，孔子便告以四代礼乐。

孟子说时，见得圣人大贤易做，全无许多等级。所以程子云：孟子才高，学之无可依据。

通观上引，朱子乃以德行、聪明、才能、事业四者并重而称之为圣人。乃以传道治国与裁成辅相天地之道，继天地之志，述天地之事，而称之为圣人。悬格甚高，既说圣人难为，则其理想中所谓理学所应从事之范围与境界，亦从此可推。

十二　朱子论人心之仁

以上略述朱子之圣人难为论，但朱子又说：

> 不要说高了圣人，高后，学者如何企及。越说得圣人低，越有意思。

要说得圣人低，要使人能信及圣人之可学而至。学圣人，首当学圣人之心。圣心之通于天心者在其仁。朱子论仁，当分作两部分。其论宇宙之仁已述在前，此下当续及其论人心之仁。

二程言仁处极多，朱子特取伊川仁包四德之语，伊川云：

> 四德之元，犹五常之仁。偏言则主一事，专言则包四者。

朱子说之云：

> 元只是初底便是。如木之萌，草之芽，其在人，如恻然有隐。

又曰：

> 人只是这一个心，就里面分为四者。且以恻隐论之，本只是这恻隐，遇当辞逊则为辞逊，不安处便为羞恶，分别处便为是非。若无一个动底醒底在里面，便也不知羞恶，不知辞逊，不知是非。譬如天地，只是一个春气。发生之初为春气，发生得过便为夏，收敛便为秋，消缩尽便为冬。明年又从春起，浑然只是一个发生之气。

宇宙是一个有生气或说有生意的宇宙。人生在宇宙中，人之最要者是心，此心亦有生气生意。因此人心能醒觉，能动。此醒底动底，便是人心之恻然有隐处。隐是隐痛，比恻然之恻字义更深些。所谓羞恶、辞逊、是非之心，实亦只是那动底醒底恻然有隐之心之随所遇而发之变。故说：

> 恻隐是个脑子，羞恶、辞逊、是非须从这里发来。若非恻隐，三者俱是死物。

明道说：满腔子是恻隐之心。朱子说之曰：

> 此身躯壳谓之腔子，而今人满身知痛处可见。
>
> 如将刀割着固是痛，若将针扎着也是痛。如烂打一顿固是痛，便轻掏一下也痛。

人身只是一个生气团聚，故在身上任何一处轻掏烂打都会痛。医家说麻木不仁，仁即是能痛痒相关。不仅满身如此，天地间也只是一个生气团聚，故见孺子入井，也会发生恻隐之心。天地万物生机一片，而人心之仁，亦会随所接触而与之融成一片。所以说：

> 人之所以为人，其理则天地之理，其气则天地之气。理无迹，不可见，故于气观之。要识仁之意思，是一个浑然温和之气。其气则天地阳春之气，其理则天地生物之心。

从此再推说，乃有“仁者以天地万物为一体”，又“仁者浑然与物同体”之语。后语出自明道，前语出自伊川。朱子云：

> 明道言“学者须先识仁。仁者浑然与物同体”一段话极好，只是说得太广，学者难入。

又曰：

> 伊川说“仁者以天地万物为一体”，说得太深，无捉摸处。

可见朱子于二程此两语，皆未十分赞许。朱子自己说：

> 须是近里著身推究，未干天地万物事。仁者，心之德，爱之理。只以此意推之，不须外边添入道理。若于此处认得仁字，即不妨与天地万物同体。若不会得，便将天地万物同体为仁，却转无交涉。

又说：

> “仁者与天地万物为一体”，此只是既仁之后见得个体段如此。
>
> 仁者固能与物为一，谓万物为一为仁亦不可。万物为一，只是说得仁之量。

朱子主张要认识此心，应“近里著身”即从自己心上认取。若从外面天地万物上求，则转无交涉。朱子于北宋理学，有博采诸家处，有独出己见处，即二程亦不曲从，此处可作一好例。又如其解释恻隐二字，可谓精义独辟。至以“心之德”“爱之理”六字来解释“仁”字，更为朱子精心独创。朱子说：

知觉便是心之德。

恻隐之心，便是此心之动处醒处，故说仁者心之德。但如便以觉为仁，朱子亦所不许。此待下论。朱子又说：

仁只是个爱底道理。

理是根，爱是苗。仁之爱，如糖之甜，醋之酸，爱是那滋味。

人心有爱，其中必有理，此理便是心之仁。所以又说：

爱之理便是心之德。

如此又把六字两截并为一截。朱子最重解释字义，其解释字义处，即是其发挥道理处，此复与从来经学家之所谓训诂有不同。朱子又说：

不可便唤苗做根。然而这个苗，却定是从根上来。

仁是体，爱是用，又日爱之理，爱自仁出也。然亦不可离了爱去说仁。

若仅说“仁者浑然与物同体”，或说“仁者以天地万物为一体”，最多只是从体上说，从理上说，从根上说，如此说来，则太深太广。

而且理不可见，使人难入，无可捉摸。朱子只从爱上说，则易入易捉摸。但不可便唤爱做仁，此犹如谓不可便唤觉做仁，皆是剖析精微，朱子思想最擅长处在此。

朱子又说：

> 仁字最难形容，是个柔软，有知觉，相酬接之意，此须自去体认。

把此三项来说仁，下语极通俗，亦极恰当。朱子又于柔软一项加以说明。他说：

> 试自看一个物，坚硬如顽石，成甚物事，此便是不仁。

又说：

> 若如顽石，便下种不得。俗说硬心肠，可以见。

此三项，其实也只如三项。此三项中未提到爱字，但人心之爱，则必是柔软、有知觉、能相酬接的。由此再引申说下，则全由学者自去体认。或说：

> 人与万物均受此气，均得此理，所以皆当爱。

朱子说不然。

爱字不在同体上说，自不属同体事。爱则是自然爱，不是同体了方爱。

如或人说，乃是从理上说心。朱子所辨，乃是从心上说理。故其语更见为亲切而自然。但朱子又说：

近年学者，不肯以爱言仁。

某尝说仁主乎爱，仁须用爱字说，被诸友四面攻道不是。

其实当时诸友围攻朱子之以爱说仁，其说皆据二程。故朱子又分析说：

爱与恻隐，本是仁底事。仁本不难见。缘诸儒说得来浅近了，故二先生便说道，仁不是如此说。后人又却说得来高远，没理会了。

此是朱子在当时之孤识独见。朱子虽时时自认承接二程，但亦不墨守。其所自立说，既浅近，又高远，实是折衷至当。

又有人说，无私欲是仁。朱子则曰：

谓之无私欲然后仁，则可。谓无私欲便是仁，则不可。

有人无私心，而好恶又未必皆当于理。惟仁者既无私心，而好恶又皆当于理。

又有人说公是仁，朱子则曰：

公不可与仁比并看。公只是无私。才无私，这仁便流行。

程先生云：惟公为近之，却不是近似之近。才公，仁便在此，故云近。

世有以公为心而惨刻不恤者。

脱落了公字，其活底是仁。

公在前，恕在后，中间是仁。公了方能仁，私便不能仁。

仁之发处自是爱，恕是推那爱底。

又曰：

熟底是仁，生底是恕。自然底是仁，勉强底是恕。无计较无睹当底是仁，有计较有睹当底是恕。

又有说知觉是仁，朱子曰：

孟子言知觉，谓知此事，觉此理，乃学之至而知之尽。上蔡言知觉，谓识痛痒，能酬酢者，乃心之用而知之端。二者不同，然其大体皆智之事。

以之言仁，所以多矛盾而少契合。

医者以顽痹为不仁，以其不觉。然便谓觉是仁则不可。

唤着便应，抉着便痛，这是心之流注在血气上底。唤着不应，抉着不痛，这固是死人，固是不仁。唤得应，抉着痛，只这便是仁，则谁个不会如此？

以上诸条，初看似在辨析字义，其实是在辨析人心之曲折层次，细微异同。故曰理学家中善言人心者莫过于朱子。

朱子又曰：

某旧见伊川说仁，令将圣贤所说仁处类聚看。看来恐如此不得。古人言语，各随所说见意。那边自如彼说，这边自如此说。要一一来比并不得。

又曰：

类聚孔孟言仁处以求仁之说，程子为人之意，可谓深切。然专一如此用功，却恐不免长欲速好径之心，滋入耳出口之弊，亦不可不察。

此皆深切中人之心病。

兹再录朱子一段话以终斯篇。朱子说：

凡看道理，要见得大头脑处分明。下面节节，只是此理散为万殊。如孔子教人，只是逐件逐事说个道理，未尝说出大头脑处，然四面八方合聚凑来，也自见得个大头脑。孟子便已指出教人。周子说出太极，已是太煞分明。如恻隐之端，从此推上，是此心之仁，仁即天德之元，元即太极之阳动。如此节节推上，亦自见得大总脑处。若看得太极处分明，必能见得天下许多道理条件，皆自此出。事事物物上皆有个道理，元无亏欠。

此处朱子以孟子恻隐之心与濂溪太极合并阐说。一面是一件极细碎底事，一面是一个极绾合之理，而朱子把来会合通说：此心之仁，即天德之元，即太极之阳动。天地万物，皆从此一动处开始。天与人，心与理，宇宙界与人生界，皆在此一仁字上绾合成一。天地间许多道理条件，皆由此处生出。此处亦可谓是朱子讲学一大总脑处，由此而推出其逐项分散处。

十三　朱子论心之诚

以人合天，以心合理，第一要端曰仁，上章略述朱子论人心之仁，又一要端曰诚，此章当续述。

仁可分为宇宙之仁与人心之仁两面说，朱子论诚亦然，亦可分为宇宙的与人心的两面。朱子说：

> 诚只是实。
>
> 诚是理。
>
> 诚是实有此理。
>
> 诚之在物谓之天。

又曰：

诚在道，为实有之理，在人为实然之心。

诚实理也，亦诚悫也。由汉以来，专以诚悫言诚，至程子乃以实理言。后学皆弃诚悫之说。

不观《中庸》，亦有言实理为诚处，亦有言诚悫为诚处。不可只以实理为诚，而以诚悫为非诚。

从宇宙界言，则理为主。从人生界言，则心为主。程门言仁，重于言理，忽于言心，朱子矫之，已如上述。言诚，亦同有此歧趋。故曰：

诚者，合内外之道，便是表里如一。内实如此，外也实如此。

内指此心，外指行为，乃及天地万物之宇宙界。诚之更高一层，则在此内外之合一。

问反诸身不诚。曰：反诸身，是反于心。不诚，是不曾实有此心。如事亲以孝，须是实有这孝之心。若外面假为孝之事，里面却无孝之心，便是不诚。

问不诚无物。曰：心无形影，惟诚时，方有这物事。

此皆指诚悫之诚言。又曰：

惟天地圣人，无一息间断。维天之命，于穆不已。间断，造化便死了。天地生人，便是个人，生出个物，便是个物，不曾生个假底人物来。问：阴阳舛错，雨旸失时，亦可谓之诚乎？曰：只是舛错，不是假底，依旧是实。

此皆指实然之诚言。又曰：

诚是天理之实然，更无纤毫作为。圣人之生，其禀受浑然，气质清明纯粹，全是此理，更不待修为而自然与天为一。若其余，则须是博学审问谨思明辨笃行，如此不已，直待得仁义礼智，与夫忠孝之道，日用本分事，无非实理，然后为诚。有一毫见得与天理不相合，便于诚有一毫未至。

此见人与天合，心与理合，惟圣人始到此境界。其他人，则须择善固执，实明是善，实得是善，此乃人道所当然，亦即希圣希天之学之所始。

或问：意者听命于心。今曰欲正其心，先诚其意，意乃在心之先矣。曰：心字卒难摸索。心譬如水，水之体本澄湛，却为风涛不停，故水亦摇动。必须风涛既息，然后心之体静。

人之无状污秽，皆在意之不诚。必须去此，然后能正其心。

此说《大学》欲正其心先诚其意之义。意之所发，则必求其与实理之诚相合一，而后始谓之诚。然苟知有未至，则此诚难于骤达。惟问我之斯意诚悫与否，则在人自无不知。苟能确然去其不诚而存其诚，然后乃有渐从诚悫之诚以达于实然之诚之境界。此乃人生修养一必然途径。

朱子又曰：

> "知至而后意诚"，须是真知了方能诚意。知苟未至，虽欲诚意，固不得其门而入。惟其胸中了然知得路径如此，知善之当好，恶之当恶，自然意不得不诚，心不得不正。

此说《大学》先格物致知而后意诚之义。"知至而后意诚"，乃是一种自然境界，亦可谓是一种终极境界。今日知到这里，今日即行到这里，乃是一种当下工夫。故阳明致良知之教，亦举诚意为纲宗。惟阳明只言当下工夫，朱子兼及最后境界，此其异。

朱子在易箦前三日，犹改定其《大学章句》之"诚意"章，此事为后世所传诵。兹节录其注文如次。

> 诚意者，自修之首也。欲自修者，知为善以去其恶，则当实用其力，而禁止其自欺。使其恶恶则如恶恶臭，好善则如好好色，皆务决去而求必得之，以自快足于己，不可徒苟且以徇外而为人也。然其实与不实，盖有他人所不及知而己独知之，

故必谨于此以审其几焉。

阳明言格物与朱子异，其言诚意，则实与朱子此注无异。明末王学殿军刘宗周蕺山，改言慎独，亦即朱子此章注中意。朱子既言诚意为自修之首，与王学宗旨实相契合。惟王学言良知，主心即理，更不要方法工夫。二程说诚，则专言实理之诚，不言诚悫之诚，又似偏重在理，未说到人心。朱子终始本末，一以贯之。天人兼顾，心理并重。互发相足，最为细密而圆满。故自其论诚意又当进而究其论格物，乃可以窥朱子思想之大全。

又按朱子易箦三日前改《大学》“诚意”章，所改实非如前之所引。其所改，乃在《大学》诚意二字之最先见处，所改只有三字。今再录其注如下：

诚，实也。意者，心之所发也。实其心之所发，欲其必自慊而无自欺也。

此注中“必自慊”三字，本为“一于善”三字。一于善，已达诚意最后境界，非格物致知不能到。必自慊，则当下自知，不必定要到达心即理之境界，而人心自知有自慊与不自慊之别。朱子又曰：

如好好色，如恶恶臭，如此便是自慊，非谓必如此而后能自慊。

自慊即是不自欺。朱子又言：

> 须知即此念虑之间，便当审其自慊自欺之向背，以存诚而去伪。不必待其作奸行诈，干名蹈利，然后谓之自欺。

如此发挥，真可谓善言人心，备极理要。只此一念之微，而希圣希天之路脉已昭朗如在目前。

朱子又举濂溪《通书·诚几德》一章说之云：

> 诚无为，只是自然有实理恁地。几善恶，便是心之所发处有善有恶了。德便是善底，为圣为贤，只是此材料做。

又曰：

> 《通书》说个几字，近则公私邪正，远则废兴存亡，只于此处看破，便斡转了。此是日用第一亲切工夫，精粗隐显，一时穿透。

此处诚属天地境界，德属人生境界。德与诚一，即是人与天合，心与理合。关键则在几字上。几是一心动处，善恶由此歧，天人由此分。虽曰微奥难睹，实则亲切易知。工夫只在此。《中庸》曰“自明诚”，为人道，此几即是人心一点明处。朱子《通书解》又云：

诚无为，实理自然，何为之有，即太极也。几善恶，几者，动之微，善恶之所由分也。盖动于人心之微，则天理固当发见，而人欲亦已萌乎其间矣，此阴阳之象也。

以人心上拟宇宙，人心亦一太极，动处便见阴阳，要人自作斡旋，自掌造化，精密邃深，包含宏大，学者大须深参。

十四　朱子之天理人欲论

上两章，一略述朱子论心之仁，一略述论朱子论心之诚。仁之与诚，乃天之所赋予人而为心，亦可谓是心之本体。然而心多有不仁不诚之时，甚至有不仁不诚之人，此则必有害其仁与诚者。继此当略述朱子之天理人欲论。

理学家无不辨天理人欲，然天理人欲同出一心，此亦一体两分两体合一之一例。朱子论阳不与阴对，善不与恶对，天理亦不与人欲对。朱子曰：

> 人欲隐于天理中，甚几甚微。
>
> 有个天理，便有个人欲。盖缘这个天理须有个安顿处。才安顿得不恰好，便有人欲出来。人欲便也是天理里面做出来。

虽是人欲，人欲中自有天理。

又曰：

人生都是天理，人欲却是后来没巴鼻生底。

天理人欲，正当于其交界处理会，不是两个。

胡宏五峰说：天理人欲，同体而异用，同行而异情。朱子不喜其上一语，而极赞其下一语，谓此语甚好。因说：

饮食者，天理也。要求美味，人欲也。

要求美味，也还是饮食，故说同行。但要求饮食是自然。人同此心，心同此理。要求美味，则不是人人如此。所谓美味，亦人各不同。此中便夹带有私欲。故说是异情。同是饮食，一为饥渴，一为美味，求美味，其先还是从求解饥渴来，故曰人欲即隐在天理中，又说人欲中自有天理。惟为求美味，往往易于把饮食一事安顿得不恰好。若饮食兼求美味，而又能把来安顿得恰好，则自亦无所谓人欲。但不能说两者同体。因人心之体本属至善，只是一自然，只是一天理，不能说天理人欲同来合凑成一体。天理先在，人欲后起，如何忽然有人欲后起，朱子则说是“没巴鼻生底”，那是说无来由底。若人欲皆有来由，那便即是天理，更无所谓人欲。又说：

> 善恶皆是理，恶是指其过处。如恻隐之心本是善，才过便至于姑息。羞恶之心本是善，才过便至于残忍。

心之恻隐羞恶，皆由天生，故是至善天理。但稍微过了分，便成姑息残忍，便成了恶，因此中已夹杂了人欲。但人欲还是无端而起，不能亦谓之由天生。此处只细参朱子理气论，则其义自见。

朱子又言：

> 以理言，则正之胜邪，天理之胜人欲，甚易。而邪之胜正，人欲之胜天理，若甚难。以事言，则正之胜邪，天理之胜人欲，甚难。而邪之胜正，人欲之胜天理，却甚易。正如人身正气稍不足，邪便得以干之。

又说：

> 以理言，人欲自胜不过天理。以事言，则须事事云人欲，存天理，非一蹴即几，一下即成。

此处理与事分言，理属宇宙界，事属人生界，亦略如其理气分言，备见精密。

明道有云：只天理二字，是我自家体贴出来。一时理学后起，遂群争指认天理，朱子甚不赞成。朱子说：

圣人平日，也不曾先说个天理在那里，方教人做去凑。只是说眼前事，教人平平恁地做工夫。

要先见个天理在前面，方去做，此正是病处。若把这天理放不下，相似把一个空底物，放这边也无顿处，放那边也无顿处，放这边也恐攧破，放那边也恐攧破。那天理说得荡漾，似一块水银，滚来滚去，捉那不着。又如水，不沿流溯源，合下便要寻其源，凿来凿去，终是凿不着。

理学家张扬言理之病，被朱子在此尽情道破。朱子说：

只就这心上理会，也只在日用动静之间求之，不是去虚中讨一个物事来。

朱子教人，不要在悬空中讨认天理，只就心上理会，只在日用之间此心天理人欲之交界处来理会。只在事事物物中，此心之一动一静处来理会。此一意见，可与上面论心论诚两章参读。

朱子既不赞成凭空讨认天理，也不赞成一味克治私欲。他说：

天理在人，亘万古而不泯，无时不自私意中发出。只于这个道理发见处当下认取，簇合零星，渐成片段。所谓私欲，自然消靡退散，久之不复萌动。若专务克治私欲，而不能充长善端，则吾心所谓私欲者，日相斗敌，纵一时按伏得下，又当复作。初不道隔去私意后，别寻一个道理主执而行。才如此，又只是私意。只如一件事，见得如此为是，如此为非，便从是处行将去，不可只恁休。误了一事，必须知悔。只这知悔，便是天理。

此种指点，深中人心消息隐微，亦是洞见天理生机活泼，人人易知，人人能行，又何必更多张皇。又曰：

学者须先置身于法度规矩中，使持于此者足以胜乎彼，则自然有进步处。若自无措足之地，而欲搜罗抉剔于思虑隐微之中，以求所谓人欲之难克者而克之，则亦代翕代张，没世穷年，而不能有以立。

自内心言，则曰于"发见处当下认取"。自外行言，则曰"先置身于法度规矩中"。内外交相养，则天理自易长，人欲亦易消，转移正如一翻手之易。又曰：

说复礼，即说得着实。若说作理，则悬空是个甚物事。

复礼即是置身法度规矩中，岂不着实，可守可循。若悬空说个存天理，则究何者谓之是天理，又如何存法，皆易起争辩，使人难从。

若谓天理难见，此又不然。朱子又曰：

圣人千言万语，只是说个当然之理。恐人不晓，又笔之于书。只就文字间求之，句句皆是。

做得一分便是一分工夫，非茫然不可测。

就内面言，则此心纵在私欲中，天理亦自会时时发露。就外面言，则有礼法可循，有文字可玩，天理亦随处随事而见。朱子只教人各就自家日常生活中讨取，平平恁地做工夫。莫要凭空求讨天理，亦莫要一意搜剔私欲。立言平实深到，后人乃谓宋儒以理杀人，又要泯去天理人欲分别，更有认放纵人欲即是天理者。人之私欲，尚不能一意专务克治，又况要一意提倡与放任。

十五 朱子之道心人心论

人心道心，与天理人欲，几乎是异名而同指。上章略述朱子之天理人欲论，本章继述朱子之道心人心论。

“人心惟危，道心惟微，惟精惟一，允执厥中”，此十六字见于伪《古文尚书·大禹谟》，亦见于荀子书中所称引之道经。宋代理学家极重视此十六字，下及明代，则称之为十六字传心诀。此如天理人欲两语，亦仅见于《小戴礼记》中之《乐记》篇。此篇或尚出伪《古文尚书》与《荀子》之后。今专为研讨宋儒理学思想，当探问理学家如何解释与运用此诸语，却不必过重在此诸语上辩论其出处。

朱子论人心道心，畅发其义于《中庸章句·序》，其言曰：

> 心之虚灵知觉，一而已矣，而以为有人心道心之异者，则以其或生于形气之私，或原于性命之正，而所以为知觉者不同。是以或危殆而不安，或微妙而难见耳。人莫不有是形，故虽上智不能无人心。亦莫不有是性，故虽下愚不能无道心。二者杂于方寸之间，而不知所以治之，则危者愈危，微者愈微，而天理之公，卒无以胜夫人欲之私矣。精则察夫二者之间而不杂，一则守其本心之正而不离，从事于斯，无少间断，必使道心常为一身之主，而人心每听命焉，则危者安，微者著，而动静云为，自无过不及之差矣。

序中又涉及传心传道之语，谓所以传圣人之道者，贵在传圣人之心。此心虽有人心道心之别，却同是一心，非有两心。故曰“虽上智不能无人心”，“虽下愚不能无道心”。惟一则“原于性命之正”，一则“生于形气之私”，此则犹是理气分言之意。

朱子又言：

> 凡学须要先明得一个心，然后方可学。
>
> 人之所以为学者，以吾之心未若圣人之心故也。若吾之心即与天地圣人之心无异，则尚何学之为。

尧舜禹之相传授，虽曰传道，实亦只是传心，主要乃在传此心之道心。或人问：所谓形气，如口耳鼻目四肢之属，皆是人人共有，岂得便谓之私？朱子说：

但此属自家私有底，不比道，便公共。故上面有个私底根本。且如危，亦未便是不好，只是有个不好底根本。

人生界有许多私，许多危而不安，则都从私上来。此私字有一根本，即在各自底形气上。

如饥饱寒暖之类，皆生于吾身血气形体，而他人无与，所谓私也。亦未能便是不好，但不可一向徇之。

或人又问：不知是有形气便有这个人心否？朱子说：

有恁地分别说底，有不恁地分别说底。如单说人心，则都是好。对道心说着，便是劳攘物事，会生病痛。

此正说人心道心只是一体两分，又是两体合一。若只说气，则宇宙只是此一气，此气哪有不好。但若分说理气，则气字地位自见差了些。若只说心，则此心乃天地自然所赋，哪有不好。但若分说人心与道心，则人心地位也自见差些。

朱子又说：

饥寒痛痒，此人心也。恻隐羞恶是非辞让，此道心也。虽上智亦同。必使道心常为一身之主，而人心每听命焉，乃善。

又说：

> 其觉于理者，道心也。其觉于欲者，人心也。

或问：前辈多云道心是天性之心，人心是人欲之心，今如此交互取之，当否？天性之心与人欲之心是明分了两心。今说此心觉于理觉于欲，则仍只是一心。或人疑朱子把人心道心分别得不严。朱子答之云：

> 既是人心如此不好，则须绝灭此身，而后道心始明。且舜何不先说道心，后说人心？

又曰：

> 人心是此身有知觉有嗜欲者，感于物而动，此岂能无？但为物诱而至于陷溺，则为害耳。故圣人以为此人心有知觉嗜欲，然无所主宰，则流而忘反，不可据以为安，故曰危。道心则是义理之心，可以为人心之主宰，而人心据以为准者，故当使人心每听道心之区处方可。然此道心却杂出于人心之间，微而难见，故必须精之一之，而后中可执。然此又非有两心也，只是义理与人欲之辨尔。

又曰：

> 释迦是空虚之魁，饥能不欲食乎？寒能不假衣乎？能令无生人之所欲者乎？虽欲灭之，终不可得而灭。

此处说生人之所欲不可灭。但当知，说“生人之所欲”，与说人欲又不同。故曰：

> 人心不全是人欲。若全是人欲，则岂止危而已哉。只饥食渴饮，目视耳听之类。

此谓饥食渴饮目视耳听之类，皆是人心，但非即是人欲。若不见道理，因于形骸之隔而物我判为二，则易于自私，易于陷溺入人欲中。

朱子又曾说：

> 道心犹柁也。船无柁，纵之行，有时入于波涛，有时入于安流，不可一定。惟有一柁以运之，则虽入波涛无害。

此说似是浅譬而喻，使人言下明白得道心人心之区别。但朱子后来即不赞成自己这一说。因若如此说之，则道心为主宰，人心供运使，在一心中明明有了两心对立。朱子论宇宙，理气非对立。论理，善恶非对立。论气，阴阳非对立。凡说成两体对立者，皆非朱子说。故人心道心，非有两心，只是在一心中有此区别。此一区别，贵能浑化，不贵使之形成敌对。故曰：

有道理底人心，便是道心。

又曰：

以道心为主，则人心亦化为道心。如《乡党篇》所记饮食衣服，本是人心之发，然在圣人分上则浑是道心。

可见宇宙生人，并非与了人一道心，又与人一人心。圣人之心，则浑是一道心，更不见有人心。故能达到人与天合，心与理合之境界。今把此心分为道心人心二者说之，不过要人较易明白此心体，却不是说真有了两个心。朱子思想，尽多先后递变处，在先如此说，在后或如彼说，大抵总是后胜于前，此乃朱子自己思想之转进。然此亦成为研究朱子思想一难题。因朱子《文集》《语类》乃及其他著作分量太多，一一分别其年代先后，一一对勘其义理异同，事甚不易。此处只是姑举一例。

凡朱子辨人心道心，略具如上，可谓明白而允贴。取与其辨天理人欲者相阐，当益可得其旨意所在。

十六　朱子论敬

以上略述朱子论心性，论心之仁与诚，论天理与人欲，人心与道心，凡此诸章，皆是指陈心体。人因赋有此心体，故能到达心与理合、人与天合之境界。在各章中，已屡次涉及工夫，即修养方法之一面。工夫必与本体相关。有此本体，始得有此工夫。亦因有此工夫，始得完成此本体。此亦是一而二、二而一者。大体言之，理学诸儒，于本体上争论尚较少，在工夫上，在修养方法上，则分歧较多。此下当继续略述朱子在工夫上，即修养方法上之各论点。所谓工夫与修养，则必一一归本于此心，此层可不烦再论。首当略述朱子之论敬。

朱子说：

圣人言语，当初未曾关聚，到程子始关聚出一个敬来教人。因叹敬字工夫之妙，圣学之所以成始成终者皆由此。

又曰：

敬字工夫，乃圣门第一义，彻头底尾，不可顷刻间断。

敬之一字，真圣门之纲领，存养之要法。一主乎此，更无内外精粗之间。

伊洛拈出此字，真是圣学真的要妙工夫。

程先生所以有功于后学者，最是敬之一字有力。

可见朱子言敬，乃是直承二程传统。今再分述朱子论敬诸涵义如次。

一曰敬只如畏字相似。朱子说：

敬有甚物，只如畏字相似。只是收敛身心，整齐纯一，不恁地放纵。

又曰：

莫看得戒谨恐惧太重。道着敬字已是重了。只略略收拾来，便在这里。

二曰敬是收敛，心中不容一物。此是程门弟子尹焞和靖之说。朱子说之曰：

只是收拾自家精神专一在此。

有所畏谨，不敢放纵。

常要此心在这里。

此说收敛义。又曰：

心主这一事，不为他事扰乱，便是不容一物。

此说不容一物义。心有有事时，有无事时。无事，则此心便应专一在此无事上。若遇这事，心想那事。遇无事，心想有事。遇有事，又想无事。皆是不专一，心成两路。朱子又说：

凡事安排要恁地，便不得。如人立心要恁地严毅把捉，少间只管见这意思，到不消恁地处也恁地，便拘逼了。

又说：

人心如一个镜，先未有一个影像。有事物来，方始照见妍丑。先有个影像在，如何照得。

三曰主一之谓敬。此伊川之说。朱子说之曰：

心广大如天地，虚明如日月。要闲，心却不闲，随物走了。不要闲，心却闲。有所主。

此谓“有所主”则无是弊。伊川说：人心有主则实，无主则虚。又一说却曰：有主则虚，无则实。朱子说之曰：

有主则实，指理言。无主则实，主私欲言。以理为主，则此心虚明，一毫私意着不得。

又曰：

常使截断严整之时多，胶胶扰扰之时少，方好。

四曰敬须随事检点。敬义夹辅，亦伊川说。朱子说之云：

行笃敬，执事敬，敬本不为默然无为时设。

敬须该贯动静。方其无事而存主不懈，是敬。及其应物而酬酢不乱，亦敬。

又曰：

有死敬，有活敬。若只守着主一之敬，则不活。须敬义夹持，循环无端，则内外透彻。

又曰：

居敬穷理，二者不可偏废。

五曰敬是常惺惺法。此是程门谢良佐上蔡之说。朱子说之云：

静中有个觉处，只是常惺惺在这里。

惺惺乃心不昏昧之谓。

或问谢氏常惺惺之说，佛氏亦有此语。曰：其唤醒此心则同，而其为道则异。吾儒唤醒此心，欲他照顾许多道理。佛氏则空唤醒在此。

六曰敬是整齐严肃。此亦是伊川说。朱子说之云：

今人论道，只论理，不论事。只说心，不说身。其说至高，而荡然无守，流于空虚异端之说。固其内是本，外是末，但偏说存于中，不说制于外，则无下手脚处。

上举六说，其实只说一敬字，六说可相会通。强加分别，则转成拘碍。

明道又说：敬则自然和乐。朱子说之曰：

礼主于敬，乐主于和，此是异用。皆本之于一心，是同体。然敬与和亦只是一事。敬则和，和则自然敬。

又曰：

和是碎底敬，敬是合聚底和。

谓敬与和是一理亦说得，然言心却亲切，敬与和皆是心做。自心而言，则心为体，敬和为用。以敬对和而言，则敬为体，和为用。

所谓乐者，亦不过谓胸中无事，而自和乐耳。非是着意放开一路而欲其和乐也。欲胸中无事，非敬不能。

伊川又谓：涵养须用敬，进学则在致知。朱子说之曰：

主敬二字，须是内外交相养。人心活物，吾学非比释氏，须是穷理。

又曰：

主敬穷理虽二端，其实一本。

持敬是穷理之本。穷得理明，又是养心之助。

又曰：

> 圣人指示为学之方，周遍详密，不靠一边，故曰敬义立而德不孤。若只恃一个敬字，更不做集义工夫，其德亦孤立而易穷矣。

又曰：

> 苟不从事于学问思辨之间，但欲以敬为主，而待理之自明，则亦没世穷年而无所获矣。

朱子言敬，承自二程，但尤有契于伊川敬义夹持，涵养致知，居敬穷理两途并进之说。伊川亦言“未有致知而不在敬者”，但与说只敬便知自致、理自穷不同。朱子自认就二程思想言，自己尤接近伊川，大要即指此等处。同时陆九渊象山，深不喜伊川，而于明道无间辞。其反对朱子，亦正在此等处。

大抵汉以下诸儒，因于统一盛运之激动，都更注重在修齐治平之实际事务上，较少注意到本源心性上。魏晋以下，庄老道家代兴，释教继之传入，他们在两方面成绩上，似乎超过了汉儒。一是有关宇宙论方面，汉唐儒阐发似乎较弱，故朱子采取濂溪、横渠、康节三人之说以补其缺。其二是关于心性本源方面，尤其自唐代禅宗盛行，关于人生领导，几全入其手。儒家造诣，似乎更见落后。北宋理学在此方面更深注意。二程提出敬字，举为心地工夫之总头脑，总归聚处，而朱子承袭之。但程门言敬，颇不免染及禅学，如谢上蔡以觉训仁，以常惺惺说敬，皆有此弊，朱子亦已随时加以纠正。尤其言心性本源，亦不能舍却外面事物，故朱子力申敬不是块然兀坐，不是全不省事，须求本末内外之交尽，则致知穷理工夫，自所当重。不能单靠一边，只恃一敬字。此是朱子言敬最要宗旨所在。

十七　朱子论静

宋明理学家言心地修养，或主敬，或主静，二者同属重要。上章略述朱子论敬，此章续述朱子论静。

朱子从学于李侗延平，但于延平默坐澄心之教，颇不相契。因曰：

> 只为李先生不出仕，做得此工夫。若是仕宦，须出来理会事。

又曰：

> 若一向如此，又似坐禅入定。

朱子于二程教人静坐，亦有辩解。

因举明道教上蔡且静坐，彼时却在扶沟县学中。明道言，贤只是听某说话，更不去行。上蔡对以无可行处。明道教他且静坐。若是在家，有父母合当奉养，有事务合当应接，不成只管静坐休。

又曰：

伊川亦有时教人静坐，然孔孟以上却无此说。

又曰：

游氏守静以复其本，此语有病。守静之说，近于佛老，吾圣人即无此说。

可见朱子对于程门相传静坐工夫，乃及守静澄心诸说，实颇不重视，抑且言外时露反对之意。

主静之说，始于周濂溪之《太极图说》，朱子说之曰：

濂溪云：定之以中正仁义而主静。中与仁是发动处，正是当然定理处，义是截断处。常要主静。岂可只管放出，不收敛。

又曰：

> 濂溪言主静，静字只好作敬字看，故又言无欲故静。若以为虚静，则恐入释老去。圣人定之以中正仁义而主静，正是要人静定其心，自作主宰。程子又恐只管静去，遂与事物不相交涉，却说个敬，云：敬则自虚静，须是如此做工夫。

又曰：

> 敬则虚静，不可把虚静唤作敬。
>
> 敬则自然静，不可将静来唤做敬。

是虚静可分两面看。一则其心收敛，不容一物，无欲故静，由此以为致知穷理之地，故曰敬则自虚静。一则专靠此一边，不再加以致知穷理工夫，则近于释老，终自要不得。朱子力尊濂溪《太极图》，以为二程之学所自出。然于静敬二字之轻重上，则宁取二程。

又曰：

> 动静无端，阴阳无始，天道也。始于阳，成于阴，本于静，流于动者，人道也。然阳复本于阴，静复根于动，其动静亦无端，其阴阳亦无始。则人盖未始离乎天，而天亦未始离乎

人也。

濂溪之主静立人极，此就人生界言。然人生界终是在宇宙界中，人极终自在太极之内，不能自外于太极。龟山道南一派偏主静，五峰湖湘一派偏主动，朱子皆所反对。二程主敬，敬兼动静，然专一主敬，朱子亦所反对。又有辨者。有动静相对之静，有主静立极之静。主静立极之静，乃是心体，非心工夫，朱子称之曰此心湛然纯一。然又必曰：

直到万理明彻之后，此心湛然纯一。虚明洞彻，无一毫之累。

此则在境界上说，非工夫上语。朱子言主静，大意如此。后人遵守濂溪主静之说者，若依朱子言，乃是未得濂溪之本意也。故朱子非不言静，惟所言各有所指，各有分际，学者当分别细观。

朱子又说：

便是虚静，也要识得这物事。如不识得这物事时，则所谓虚静，亦是个黑底虚静，不是个白底虚静。而今须是要打破那黑底虚静，换做个白底虚静，则八窗玲珑，自无不融通。不然，则守定那黑底虚静，终身黑淬淬地，莫之通晓。

所谓识得这物事者，即是说要识得此心。朱子屡言心是活物，又言心是虚明灵觉，可容万理万物。朱子不要黑底虚静，犹如说不要死底敬，此等分辨，皆当细参。

> 郭德元告行，先生曰：人若于日间闲言语省得一两句，闲人客省见得一两人，也济事。若浑身都在闹场中，如何读得书。若逐日无事，有现成饭吃，用半日静坐，半日读书，如此一二年，何患不进。

朱子《文集》《语类》合共两百八十卷，“半日静坐，半日读书”，惟此一见。乃对郭德元一人言之，其人殆是逐日无事吃现成饭者，故朱子教之且如此一二年，不怕无进步。清儒颜元习斋专拈此作诋訾，认为朱子以此八字教人，此乃习斋自己心不虚静，连黑底虚静也没有，故而闹此意气。

十八　朱子论已发未发以及涵养省察

以上两章，略述朱子论敬论静。宋明理学家言心地修养，主要即在此两字。此下当续述朱子论心地修养工夫之其他方面，首当略述其论心之已发未发与涵养察识工夫者。

自伊川有《中庸》为孔门传授心法之说，杨龟山以下至李延平，相传以默坐澄心，观喜怒哀乐未发以前气象为宗旨。朱子从学延平，乃自始即于其默坐澄心之教不加深契。及延平卒后，朱子追寻师说，有“辜负教育之意，每一念此，未尝不愧汗沾衣”之语。而伊川又有凡心皆属已发之说，湖湘学者从之，遂主先察识，后涵养，与龟山延平一脉适处相反地位，朱子因又亲赴长沙，与张南轩讨论两月而归，又继之以书问往返。最先朱子折从南轩，亦主人心大体莫非已发，于延平默坐澄心以观大本之教显又放弃。但此下屡经转变，始主已发未发，兼顾交修，融会湖湘与道南之两派，而自创新义，乃曰：恨不得奉而质之李氏之门，然以先生所已言者推之，知其所未言者或不远矣。此乃朱子斡旋师门之自信语。朱子汇集其与南轩往复诸书，合为一编，称之曰《中和旧说》。此诸书，虽为未臻定论前之意见，然其以工夫证验本体，剖析精微，悟解亲切，玩研心体，指陈其亲证实体之经过，曲折详明。此下理学诸儒，对此诸书，皆甚重视。因其于辨认心体工夫上指示绵密，可供寻索。惟此处不再重述，此下乃其获得结论后之所云。

朱子有《与湖南诸公论中和书》，大意谓：

> 思虑未萌，事物未至之时，为喜怒哀乐之未发。当此之时，即是此心寂然不动之体。以其无过不及，不偏不倚，故谓之中。及其感而遂通天下之故，则喜怒哀乐之情发焉，而心之用可见。以其无不中节，无所乖戾，故谓之和。然未发之前，不可寻觅。已发之后，不容安排。但平日庄敬涵养之功至，而无人欲之私以乱之，则其未发也，镜明水止，而其发也，无不中节矣。此是日用本领工夫。至于随事省察，即物推明，亦必以是为本，而于已发之际观之，则其具于未发之前者，固可默识。

至是始确然提出程门敬字。奉为修养要法，以为持敬之功，贯通乎动静之际，而曰：

> 静中之动，非敬孰能形之。动中之静，非敬孰能察之。

又曰：

> 未发之前是敬，固已立乎存养之实。已发之际是敬，又常行于省察之间。

乃以一敬字双绾已发未发涵养省察而求工夫之一贯。至于先涵养后省察之意，亦已于上引文中见之。

但《中庸》原文，明指喜怒哀乐之已发与未发，今所讨论，则已越出乎喜怒哀乐之外，而直指心体以为言。伊川又说，才说知觉便是动。朱子云：

> 此恐说得太过。若云知个甚底，觉个甚底。如知得寒，觉得暖便是知觉一个物事。今未曾知觉甚事，但有知觉在。何妨其为静。不成静坐只是瞌睡。

知觉乃是心体，有个知觉，但非知觉了什么，此乃心体未发时，只可谓之静中有动，不可谓才说知觉便是动，则又将成为心无未发。

朱子又一条云：

> 未发之前，须常恁地醒，不是瞑然不省。若瞑然不省，成什么大本。问：常醒便是知觉否？

曰：固是知觉。知觉固是动否？曰：固是动。然知觉虽是动，不害其为未发，若喜怒哀乐则又别。

此条与上条不同。上条云有知觉何妨其为静，此条云知觉固是动。然此差异，无关宏旨，其谓心有知觉，仍属未发则一。然则如何乃可以谓之已发？伊川又云：才思即是已发。朱子于此甚加赞许，谓：此意已极精微，说到未发界至十分尽头。因曰：

心之有知，与耳之有闻，目之有见，为一等时节，虽未发而未尝无。心之有思，与耳之有听，目之有视，为一等时节，一有此则不得为未发。

此等分别，显已越出《中庸》原书本旨甚远。凡宋代理学家辨认心体，不得不谓乃是受了唐代禅宗之影响。伊川《中庸》为孔门传授心法之语，亦可谓是从禅学转来。但谓理学受禅宗影响则可，谓理学即是禅学则大不可。此下再当论及朱子辟禅语，乃可明白到此两者间之区别。

十九　朱子论克己

以上略述朱子论已发未发以及涵养之与省察。凡朱子论心地修养，如敬如静，如本章所论，随时常戒人勿误近禅学。其于他人言，凡朱子认为有误近禅学之嫌者，又必驳击澄清，剖辨不遗余力。盖朱子自幼即涉禅学。及晤李延平，始一意专读儒书。然以其所得，反观延平，乃及程门相传，则颇有儒释混淆，未经别白之处。故朱子于北宋理学诸儒所言心地修养工夫，其纠弹处尤多于阐发处。其为儒释分疆划界，使理学一归于儒学之正统，朱子在此方面之贡献，至为硕大。即二程所言，朱子亦复时有匡正。如言敬，朱子则言不可专靠一边。而朱子晚年，则颇似有另标新说，取以代程门言敬之地位者。此层在朱子并未明白直说，要之似不可谓无此倾向。此下当略述朱子之论克己。

朱子有言：

> 君子之学，所以汲汲于求仁。而求仁之要，亦曰去其所以害仁者而已。夫子之所以告颜渊者，亦可谓一言而举。

此处朱子提出《论语》孔子告颜渊以克己，以为求仁之要，一言而举，此意当在其辨已发未发而提出程门敬字之后。又曰：

> 致知、敬、克己此三事，以一家譬之，敬是守门户之人，克己则是拒盗，致知却是去推察自家与外来底事。

此处于伊川涵养用敬，进学在致知两项外，特增入克己一项，几于如鼎足之有三。又曰：

> 敬如治田而灌溉之功，克己则是去其恶草。
>
> 或问夫子答颜子仲弓问仁之异，曰：此是各就他资质上说。持敬行恕便自能克己，克己便自能持敬行恕，不必大段分别。

此谓就资质上言，而朱子意，则谓颜渊资质高远仲弓，其意自更重在克己一边。故曰：

> 仲弓主敬行恕，是且涵养将去，是非犹未定。涵养得到一

步，又进一步，方添得许多见识。

克己复礼，便刚决克除将去。

此条言涵养用敬，阐解极深入，最当细玩。仅言主敬，则是非未定，故涵养必兼之以察识，居敬必兼之以穷理。若言克己复礼，则义归一路，更不须分作两截，逐渐添入。《论语集注》此章有曰：

愚按：此章问答，乃传授心法切要之言。非至明不能察其几，非至健不能致其决。故惟颜子得闻之，而凡学者，亦不可不勉。

伊川以《中庸》为孔门传授心法，此注乃以《论语》孔子告颜渊问仁语为传授心法切要之言，显已把孔门心法转移了地位。伊川又言：敬便无己可克。朱子先亦引其说，稍后则谓敬之外亦须兼用克己工夫，更后乃谓克己工夫尚在主敬工夫之上。关于此，朱子思想显有三变。然凡朱子立言创辟处，每不易见。《论语集注》此条，特加“愚按”二字，见其非有所承。然此下又引伊川四箴，而曰发明亲切，学者尤宜深玩，则见己意仍是一仍二程。故凡粗心读朱子书者，每不易见朱子立言之自有所创辟。

《集注》又曰：

愚按：克己复礼，乾道也。主敬行恕，坤道也。颜冉之学，其高下浅深于此可见。

此条亦加“愚按”二字，皆见朱子于此乃自出己见，非前有所承。然其下又继之曰：

> 学者诚能从事于敬恕之间而有得焉，亦将无己之可克矣。

此则又承伊川说。此等处，惟见朱子思想之博大会通，固非意存回护，亦非故为依违。

朱子又曰：

> 敬是涵养操持不走作，克己则和根打并了，教它净尽。
>
> 克己复礼，是刚健勇决，一上便做了。若所以告仲弓，是教他平稳做去，慢慢地消磨。譬如服药，克己者要一服便见效。敬恕者，渐渐服药，磨去其病。
>
> 克己复礼，是截然分别个天理人欲，是则行之，非则去之。敬恕则犹是保养在这里，未能保它无人欲在。
>
> 克己复礼，如拨乱反正。主敬行恕，如保泰持盈。二者自有优劣。
>
> 仲弓如把截江淮，颜渊如欲服中原。
>
> 仲弓是防贼工夫，颜渊是杀贼工夫。
>
> 颜子如将百万之兵，操纵在我，拱揖指挥如意。仲弓且守本分。
>
> 颜子之于仁，刚健果决，如天旋地转，雷动风行做将去。

仲弓则敛藏严谨做将去。

颜子如汉高祖，仲弓如汉文帝。

乾卦从知处说来，坤卦只从持守处说，只说得一截。如颜子克己复礼工夫，却是从头做起来。定先要见得，见得后却做去，大要着手脚。仲弓却只是据见成本子做，只是依本画葫芦，都不问那前一截。向时陆子静尝说，颜子不如仲弓，而今看着，似乎是克己复礼底较不如那持敬行恕的较无事。但克己复礼工夫较大，颜子似创业之君，仲弓似守成之君。仲弓不解做得那前一截，只据现在底道理持守将去。

上引有几项当特加注意者。一是朱子心中所想象之颜子，乃与东汉以下迄于北宋理学诸儒所想象者有绝大之不同。朱子想象中之颜子，乃是刚健果决，具有一种极强之内力，能勇猛精进，如天旋地转，雷动风行做将去。如将百万兵，操纵在我，拱揖指挥如意。故朱子又说颜子决不是一衰善底人。其二，朱子批评主敬工夫只是持守，敛藏谨严做去，专是涵养不走作，也未能保得内心一无人欲之潜在。正如看守门户，门外贼不易进入，但门内有贼，仍可躲藏。其三，朱子把宇宙本体分作乾坤两项，乾道刚健，坤道柔和。乾道主知，能创，尚动进。坤道主守，尚顺从，只是依本画葫芦，保养在这里。故说乾道奋发而有为，坤道静重而持守。乾道能创业，坤道只是继体守成。乾道是上一截事，坤道只是下一截。宇宙界如此，人生界亦然。颜子工夫直做了上一截，仲弓只做得下一截。其四，当时理学家似乎反看重了仲弓那下一截，他们要自然，要无事，要不犯手脚。孔子告仲弓，“出门如见大宾，使民如承大祭”，“己所不欲，勿施于人”，“在邦无怨，在家无怨”，当时理学界，似乎特地喜欢那气象与境界。至孔子告颜渊乃曰，非礼勿视，勿听，勿言，勿动。似乎落在琐碎处，枝枝节节，似乎处处有窒碍，要着手脚。不如仲弓，大体和粹无事。而且颜渊像从外面做，仲弓乃从内部做。当时理学界，都喜说内部，能较无事，不用力，不着手脚，不犯做作相，能浑然识得此体。因此，一般意见反而觉得颜子不如仲弓，即陆象山亦如此。象山又说，颜子不似他人样有偏处要克。又说颜子不如仲弓。朱子则是更进一层，直入内心深处，直透到人心内在力量方面来欣赏颜子。所以说：

> 孔子答颜子处，是就心上说工夫，较深密为难。
>
> 颜子克己，如红垆上一点雪。
>
> 克己复礼，如火烈烈，则莫我敢遏。
>
> 夫子告颜渊之言，非大段刚明者，不足以当之。

又说：

> 克己别无巧法，如孤军猝遇强敌，只得尽力舍死向前。
>
> 大率克己工夫，是着力做底事。
>
> 或问克者胜也，不如以克训治较稳。曰：治字缓了。挨得一分也是治，挨得二分也是治。胜便是打叠杀了它。

此等语，皆直看到人心内在一股力量处。所以看似细碎，实乃是总脑。看似犯手脚做作，实乃自然无事。

今试再问：颜子内心这一股力量，源头从何处来？朱子则说从乾道上一截工夫来。故说：

颜子克己复礼工夫，却是从头做起来。是先要见得，见得后却做去，大要着手脚。

乾道主知，先须见得。见得了又须做得。故朱子说颜渊，特提刚明二字，又说至健至明。若只据现成本子，只据现在底道理持守将去，那是无头坤道，只在下一截，不去问那前一截。率直言之，既不算得是明，也不算得是刚。

说到此处，伊川所谓敬义夹持，涵养致知须分途并进，其实也还落在第二等。须如朱子所发挥颜子克己工夫，乃始有当于圣门为学之第一等工夫。朱子又说：

明道曰：质美者明得尽，渣滓便浑化，却与天地同体。其次惟庄敬以持养。颜子则是明得尽者也。仲弓则是庄敬以持养之者也。及其成功一也。

此条极须善看。说颜子明得尽，但并不即是说渣滓便浑化，却与天地同体。此下仍大要着手脚，仍须如天旋地转，雷动风行般做将去。单说一明字，只落一边，还得至刚至健。所以孔子说：为仁由己，而由人乎哉？此处还须有一番大作为。又曾有人问朱子，是否可把明道所言明得尽与庄敬持守分别颜子仲弓，朱子答以不必如此说。可见朱子意中，实认为明道所谓之明得尽，并非如其所想象中颜子之为人。

读朱子书，当知须注意两事。一须注意其立言先后，乃可明白其思想之转变。一须注意其立言异同，乃可明白其言之或彼或此，各有所指，与其融和会通之所在。今再推而论之，则不仅宋明理学多偏在坤道上用功，都只欲持守一现成道理，现成本子。论其性格，似多近淳和一边。即是汉唐儒，亦何莫不如此。惟汉唐儒乃以经学上之训诂注疏工夫来认取此一现成道理，而理学家则从心地修养静敬工夫来持守此一现成道理。要之皆是坤道下一截工夫。惟朱子论学，要抉发出此一至明至刚之心体，要从乾道知处从头做下。今不论朱子阐发《论语》此章本义是否恰当。要之朱子理想中之颜子，与其理想中之圣学，则实在秦汉以下儒学传统中独开生面，迥不犹人。朱子实亦有意为儒学创出一新局面，亦要人天旋地转，雷动风行般去做。惜乎此后理学界，绝不能在此一方面深识朱子之用心。欲深识朱子此一番用心者，上面当看其圣人难为论，下面当看其格物致知论。两面看人，庶易认取。

或说阳明致良知之学，亦重在存天理，去人欲，今日知到这里，今日即行到这里，将我之良知直直落落推致出去，岂不与朱子论颜渊克己复礼工夫相近。惟阳明撇弃了格物讲致知，此知字限在不学而知之良知上。如见父自然知孝，见兄自然知弟，孝弟忠信尽做得尽，由朱子论之，也还是乡里自好，至于善人君子之列而止。

朱子重言仁，更胜过其言孝弟。朱子理想中之广大心知，当与心之仁相配合，不仅与心之孝弟相配合。《论语》仁智并言，此下儒家中最富重智精神，能真达到孔子仁智并重之教者，实当推朱子为第一人。

此下有两事当继续申说：

一曰克己复礼乃一件事，非两件事。明道曾说：克己则私心去，自能复礼，虽不学文，而礼意已得。此便是把克己复礼分成两件事说。朱子不谓然，有曰：如此等语，也说得忒高了。所谓说得忒高，其实便是说得有差。朱子又说：

> 释氏之学，只是克己，更无复礼工夫。
>
> 世间有能克己而不能复礼者，佛老是也。佛老不可谓之有私欲。克己私了，却空荡荡地，他是见得这理原不是当，克己了，无归着处。
>
> 若但知克己，则下梢必堕于空寂，如释氏之为。
>
> 是克己便是复礼，不是克己了方待复礼。不是做两截工夫。
>
> 佛氏之学，超出世故，无足以累其心，不可谓之有私意。然只见它空理，不见实理。颜子克己复礼，便规模大，精粗本末，一齐该贯在这里。

又曰：

> 克己是大做工夫，复礼是事事皆落腔窠。克己便能复礼，步步皆合规矩准绳，非是克己之外别有复礼工夫。

释氏仅能克己，儒家则克去己私而不落空，事事皆落实在腔窠内，即事事有规矩准绳，此亦儒释疆界。

第二事当辨者，复礼之礼不当以理字释之。伊川有云：视听言动，非礼不为，礼即是理。不是天理，便是私欲。人虽有意于为善，亦是非理。无人欲即是天理。朱子于此说，似不赞许，故曰：

> 克己复礼，不可将理字来训礼字。见得礼，便事事有个自然底规矩准绳。
>
> 只说理，都空去了。这个礼，是那天理节文，教人有准则处。

理学家总不免过分重视了理，而轻视了礼。惟朱子时时加以分辨，谓礼即天理之节文，有规矩准绳，使人实可遵循。单言理，便易落空，教人无捉摸处。后来清儒常讥宋代理学家把理来替代了礼，至少不曾细读朱子书。又清儒力斥朱子克己胜私之训，谓克己只是胜己，谓由己来担当。此乃过于争持门户，强立异说。胜己岂能解作由己？《论语》本章下文说“由己”，自与上文说“克己”有异，清儒并此文理而不辨。若只依清儒解释，则亦并无方法可言。汉唐儒尚是依经解经，清儒则以门户解经，宜其离经益远。

二十　朱子论立志

以上略述朱子论克己。此下当略述朱子论立志。

言居敬，言主静，言已发未发涵养省察，皆不脱理学家气味，皆须费许多言语解释。言克己，言立志，则当下便易晓了，更不烦解释，而彻上彻下，浅深本末，随人自得，皆可持守奉行，减少了理学家之特有气氛。朱子指点人修养方法，每进益平实，使理学成为一种常人之通学，此亦是朱子思想之日益转进处。

朱子特拈立志一项，已在晚年。朱子有云：

> 从前朋友来此，某谓不远千里，须知个趣向了，只是随分为他说为学大概，看来都不得力。今日思之，学者须以立志为本。如说求复性命之本，求超圣贤之极致，须是便立志如此，

便做去始得。若曰我志只是要做个好人，识些道理便休，宜乎工夫不进。如颜子之欲罢不能，如小人之孳孳为利，念念自不忘。若不立志，终不得力。

又曰：

今之为学，须是求复其初，求全天之所以与我者，须以圣贤为标准，直做到圣贤地位，如此则工夫自然勇猛。若无必为圣贤之心，只见因循荒废了。

看今世学者病痛，皆在志不立。五峰曰：为学在立志以定其本，居敬以持其志。此言甚佳。

凡事须当立志。敬行乎事物之内，这是细密处。立志便要卓然在这事物之上。看是什么都不能夺得它，又不恁地细细碎碎。

此处据胡五峰语来补居敬工夫之缺。居敬须有一本，此即学者之志。敬在事物之内，不免有细碎处，志则立乎事物之表，而为事物所不能夺，此一分别极关重要。

又曰：

世间千歧万路，圣人为甚不向别路去，只向这一路来，志是心之深处。

志是心之深处一语，极堪研玩。理学家不言立志，皆由不了此义。又曰：

> 人不志学有两种。一是全未有知，不肯为学。一是虽已知得，又却道但得本，莫愁末了，遂不肯学。后一种古无此，只是近年方有。

无知便不能有志，此是常人之病。今说但得本，不愁末，此是知得错了，此病却是近年方有。此乃指陆学言。象山教人立志，朱子晚年亦教人立志，此见朱子肯兼取陆学之长。但陆学只言立志，不言学，故朱子特举五峰说以救其弊。此见朱子之博采，亦见朱子立言，必斟酌而达于尽善之境。

朱子又说：

> 大抵闲时吃紧去理会，理会得透彻，到临事时一一有用处。而今人多是闲时不吃紧理会，及到临事时，又不肯下心推究道理，只是安于浅陋，所以不能长进，终于无成。大抵是不曾立得志，枉过了日子。

此谓闲时不吃紧理会，不仅陆学轻视学问有此弊，即专务居敬，不兼穷理，亦必有此病。而朱子尽把来归在不曾立志上，此见朱子晚年思想之力趋简易而又更达会通处。

朱子又说：

为学虽有阶渐，然合下立志，亦须略见义理大概规模，于自己方寸间若有个愓然愧惧，奋然勇决之志，然后可以加之讨论玩索之功，存养省察之力，而期于有得。若但悠悠泛泛，无个发端下手处，而便谓可以如此平做将去，则恐所谓庄敬持养，必有事焉者，亦且若存若亡，徒劳把捉，而无精明的确，亲切至到之效。但如彼中，诚是偏颇，向日之言，正为渠辈之病，却是贤者之药，恐可资以为益。

此乃朱子与人书，彼中“渠辈”，指陆学言。徒尚立志，不务向学，诚是偏颇。然徒知庄敬持养，而不重立志，亦是有病。故朱子教人相资为益。后人徒言程朱言居敬，此皆未细读朱子书，故不知朱子晚年思想之不断有改进处。

朱子又曰：

读不记，熟读可记。义不精，细思可精。惟有志不立，直是无着手处。只如而今，贪利禄而不贪道义，要作贵人而不要作好人，皆是志不立之病。须究见病痛起处，勇猛奋跃，不复作此等人。一跃跃出，见得圣贤所说千言万语都无一事不是实话，方始立得此志。就此积累工夫，迤逦向上去，大有事在。

此处所言，更切实，更恳到，意在指导初学入门，只举立志一事。至谓立得此志，积累工夫，迤逦向上，大有事在者，则凡如上引居敬主静、涵养省察、致知穷理皆是。然此志不立，则此等亦将全不可恃。当伊洛讲学，风气初开，其知慕向而来者，皆是有志之人。及朱子时，理学风气已成，慕名响附，未必全属真有志。及朱子晚年，应接既多，感触日深，乃始揭出此立志二字，以为教导之本。而陆氏兄弟，亦始终为朱子所敬重，虽论学轨辙有异，而在朱子之意，则必欲相互讲论，以求其能归于一是。此等深情，后人论朱陆异同者，惜亦未能认取。

朱子又论志与意之分别有曰：

> 横渠云：志公而意私，看这自说得好。志便清，意便浊。志便刚，意便柔。志便有立作意思，意便有潜窃意思。公自仔细看，自见得意多是说私意，志便说匹夫不可夺志。

意属私，故须曰诚意。志则能立便得，更无有立伪志者。理学家中，惟朱子最善言心，而朱子言心，又常推称横渠。此等处，并不专在辨析文字训诂，更要乃是在辨析心理情态。此等辨析，亦不仅在外面观察，乃是从自己日常生活中亲修密证而得。指示人心，极须明白如性与情，志与意，皆各有界分，各有路头，须认得清楚，始能下工夫。工夫一错，便又从此处影响及他处。哪里是只说存心尽心即可了事。惟朱子言心学工夫，最于理学家中为细密而周到，细看上列诸章自见。

二十一　朱子论格物

以上分章略述朱子所论各项心学工夫，其言静敬，言涵养省察，大体是承袭前人，而加以一番审辨与论定。其言克己与立志，则创辟新义，有未为北宋以来理学诸家所特加重视者。然朱子论心学工夫最要着意所在，则为致知。悬举知识之追寻一项，奉为心学主要工夫，此在宋元明三代理学诸家中，实惟朱子一人为然。欲求致知，则在格物。就理学家一般意见言，心属内，为本。物属外，为末。理学家所重之理，尤在心性方面。心性之理，则贵反求而自得。朱子不然，认为内外本末，须一以贯之，精粗具到，统体兼尽。此为朱子在一般理学思想中之最独特亦最伟大处。故朱子不仅集北宋以来理学之大成，实欲自此开出理学之新趋。后人莫不知朱子讲格物，乃于其所讲格物精义，则颇少能继续加以阐发与推进，此乃一大可惋惜之事。此章当略述朱子之格物论。

格物之说，最先亦由伊川提出。伊川云：

> 格犹穷也，物犹理也。犹曰穷其理而已矣。穷其理，然后足以致知。欲思格物，则固已近道矣，以收其心而不放也。

收其心而不放即是敬，是则由伊川之说，乃成为格物亦即敬之工夫。伊川又曰：

> 欲致知，须要格物。物不必谓事物然后谓之物也，自一身之中至万物之理，但理会得多，相次自然豁然有觉处。

此处特说物不必谓事物，意中似仍以一身之中之所谓心者为主要。又曰：

> 穷理亦多端。或读书讲明义理，或论古今人物，别其是非，或应接事物而处其当然，皆穷理也。或问：格物须物物格之，还是格一物而万物皆知？曰：怎生便会该通，须是今日格一件，明日格一件，积习既多，然后脱然有贯通处。

此条言穷理，主要在人文界一切人事上。其言今日格一件，明日格一件，言“物”字，恐人误会到外物上去，言“件”字，则显指人事。

朱子于伊川言格物，备极推崇，其言曰：

> 程子之说，切于己而不遗于物，本于行事之实，而不废文字之功。极其大而不略其小，究其精而不忽其粗。学者循是而用力焉，则既不务博而陷于支离，亦不径约而流于狂妄。既不舍其积累之渐，而其所谓豁然贯通者，又非见闻思虑之可及。是于说经之意，入德之方，其亦可谓反复详备，而无俟于发明矣。若其门人，虽曰祖其师说，然以愚考之，则恐其皆未足以及此。

朱子历辨程门后起说格物者凡五家，又继起者一家。一为吕蓝田大临之说，朱子非之曰：

> 必穷万物之理，而专指外物，则于理之在己者有不明矣。但求众物比类之同，而不究一物性情之异，则于理之精微者有不察矣。

蓝田初学于横渠，横渠卒，乃东见二程。朱子于程门最取蓝田，然蓝田之论格物，偏指外物，又重其同，忽其异，故朱子非之。

其二为谢上蔡之说，朱子非之曰：

> 穷理以恕为本，则是求仁之方，非穷理之务。先其大，不若先其近者之切。一处通而一切通，乃程子所不敢言。

其三为杨龟山之说，朱子非之曰：

反身而诚，乃物格知致以后事，非以是为格物之事。亦不谓但务反求诸身而天下之理自无不诚。

其四为尹和靖之说，朱子非之曰：

以今日格一物明日格一物为非程子之说，岂其习于持敬之约，而厌于观理之烦邪。

其五为胡文定安国之说。朱子非之曰：

其曰物物致察，是不察程子所谓不必尽穷天下之物也。又曰宛转归己，是不察程子所谓物我一理，才明彼即晓此之意也。又曰：察天行以自强，察地势以厚德，是但欲因其已定之名，拟其已着之迹，而未尝如程子所谓求其所以然，与其所以为者之妙也。

其六为胡五峰之说，朱子非之曰：

所谓即事即物，不厌不弃，而身亲格之以精其知，得致字向里之意。其曰格之之道，必立志以定其本，居敬以持其志，

> 志立乎事物之表，敬行乎事物之内，而知乃可精，又有合乎所谓未有致知而不在敬者之指。但其语意颇伤急迫，既不能尽其全体规模之大，又无以见其从容潜玩积久贯通之功。

又曰：

> 此段本说得极精，然却有病。只说得向里来，不曾说得外面，所以语意颇伤急迫。盖致知本是广大，须用说得表里内外周遍兼该方得。

以上前五家中，谢杨尹三人，最为程门亲炙，而失师旨最远。吕与叔先师横渠，胡康侯于程门为私淑，其失皆偏在外，与谢杨尹三人所失之偏在内者不同。程门之教，本不免有偏重在内之势，故得之亲炙者，所偏亦在此。吕胡两人则所偏转在外。独五峰一人，已起南渡之后，于程门为最远，而其说独为朱子所取。朱子每以五峰继横渠，称其能为精义之学，然朱子于五峰说格物，仍所未满。朱子虽极推伊川，然迨其自立说，其精神意趣，亦实非伊川之说所能范围。此处亦可窥朱子学从伊川之转手处，亦即是朱子学之递年转进处。居今而论，理学家所标出之格物一义，亦必至于朱子而始得其大成。

朱子言格物，其最后结论，即见于《大学章句》之《格物补传》。今可不问《大学》是否为孔氏之遗书，亦可不问古本《大学》是否有阙，要之考论朱子格物思想，则必以《大学格物补传》为其主要之依据。今先录《补传》全文如次：

> 所谓致知在格物者，言欲致吾之知，在即物而穷其理也。盖人心之灵莫不有知，而天下之物莫不有理。惟于理有未穷，故其知有不尽也。是以大学始教，必使学者，即凡天下之物，莫不因其已知之理而益穷之，以求至乎其极。至于用力之久，而一旦豁然贯通焉，则众物之表里精粗无不到，而吾心之全体大用无不明矣。此谓物格，此谓知之至也。

或讥朱子此处分心与理为二，不知一体两分，两体合一，此正朱子思想大体系所在，亦是其最著精神处，不得徒以分两说之为嫌。何以谓“即凡天下之物”，朱子说之曰：

> 这道理尽无穷，四方八面无不是，千头万绪相贯串。
>
> 千头万绪，终归一理。
>
> 道理散在事物上，却无总在一处底。
>
> 这个道理，精粗小大，上下四方，一齐要着到。四边合围起理会。
>
> 常人之学，多是偏于一理，主于一说，故不见四旁，以起争辨。
>
> 圣人则中正和平，无所偏倚。
>
> 萃百物，然后观化工之神。聚众材，然后知作室之用。须撒开心胸去理会。

万理虽只是一理，学者且要去万理中千头万绪都理会，四面凑合来，自见得是一理。不去理会那万理，只管去理会那一理，只是空想象。

不知万殊各有一理，而空言理一，不知理一在何处。

如一个桶，须是先将木来做成片子，却将一个箍来箍敛。若无片子，便把一个箍去箍敛，全然盛水不得。

不是一本处难认，是万殊处难认。

须是内外本末，隐显精粗，一一周遍。

上诸所引，皆是朱子论学之最著精神处。其批评五峰，谓其颇伤急迫，既不能尽其全体规模之大，又无以见其从容潜玩积久贯通之功。即以朱子言回视伊川所言，虽朱子自称乃窃取程子之意以作此《补传》，但两人间精神意味亦显然不侔。此见朱子心中理字，其涵义之广狭虚实，要自与当时一般言理者有辨，此必直探之朱子之理气论，乃见朱子《格物补传》立意之所本。

朱子又辨格物与穷理两语有不同。朱子曰：

言理则无可捉摸，物有时而离。言物则理自在，自是离不得。

《补传》又曰：因其已知之理而益穷之。此语亦重要。朱子说之曰：

要于本领上理会。

要从那知处推开去，以至于无所不知。

今日学者所谓格物，却无一个端绪，只是寻物去格。

即如阳明格庭前竹子，正是无端绪寻物去格也。

《补传》又曰：以求至乎其极。此语亦重要。朱子说之曰：

人谁无知，为子知孝，为父知慈，只是知不尽。须是要知得透底。且如一穴之光也唤做光。然逐渐开划得大，则其光愈大。物皆有理，人亦知其理，如当慈孝之类。但若有知未透处，这里面便黑了。

所谓求至乎其极者，正是要人得一透底之知。否则如为子知孝，为父知慈，亦只是一穴之光，里面便黑，济得甚事。所以说：

致知所以求为真知。真知是要彻骨都见得透。

知要真，要透底，要彻骨，故又曰：

格物只是就事上理会，知至便是此心透彻。

如何能使此心透彻，则仍只有从心上去推致。

如宣王因见牛发不忍之心，便就此扩充，直到无一物不被其泽，方定致与格，只是推致穷格到尽处。凡人各有个见识，不可谓他全不知，如孩提之童知爱其亲，长知敬其兄，以至善恶是非之际，亦甚分晓。但不推致充广，故其见识终只如此。

格物须是从切己处理会去。

若只泛穷天下万物之理，不务切己，即是遗书所谓游骑无所归。

或问：李廷平教人穷此一事，必待其融释脱落，然后别穷一事。程伊川则谓：若穷此事未得，且别穷一事。二说如何？朱子说：

如造化礼乐制度等事，卒急难晓，只有且放住。若平常遇事，这一件理会未透，又理会第二件。第二件理会未得，又理会第三件，恁地终身不长进。

此下再说豁然贯通，朱子说：

须是穷得理多，然后有贯通处。

心无限量，如何尽得？物有多少，亦如何尽得？但到那贯通处，则才拈来便晓得，是为尽。释氏云：一月普现一切水，一切水月一月摄。释氏也窥见得这些道理。濂溪《通书》，只是说这一事。

不可尽者心之事，可尽者心之理。

格物所以明此心。

所谓明此心，则只是要此心真知，有透底彻骨之知。如此才可谓穷得理。穷得理多而到豁然贯通之境界，则此心之理已尽。

到那时，有插生一件差异底事来，也都识得他破。只是贯通，便不知底亦通将去。

朱子格物大义，大体具如上述。兹再撮述要旨。一、朱子所论格物工夫，仍属一种心工夫，乃从人心已知之理推扩到未知境域中去。二、人心已知之理，如慈孝，如见牛而发不忍之心等，推扩所至，则礼乐制度治平之道，以及宇宙造化，种种物理现象，皆包在内。三、朱子所论理，认为万理皆属一理，理不离事物，亦不离心。理必寓于事物中，而皆为吾心所能明，所能知。四、人心自然之知，如知慈孝，如知不忍，非即是穷理后之知，必待穷理以后之知，乃始为透底彻骨之真知。五、专务于内，从心求理，则物不尽。专务于外，从物穷理，则心不尽。物不尽，心不尽，皆是理不尽。必心物内外交融，达至于心即理之境界，始是豁然贯通之境界。至是而“众物之表里精粗无不到，吾心之全体大用无不明”。至是而始是理尽。盖从外面言，万理皆属一理。从内面吾心所知之理言，亦将知其皆属一理，乃谓之贯通。故格物是零细做工夫，而致知则是得到了总体。

若从现代观念言。朱子言格物，其精神所在，可谓既是属于伦理的，亦可谓是属于科学的。朱子之所谓理，同时即兼包有伦理与科学之两方面。自然之理，乃由宇宙界向下落实到人生界。人文之理，则须由人生界向上通透到宇宙界。朱子理想中之所谓豁然贯通，不仅是此心之豁然贯通，乃是此心所穷之理，能到达于宇宙界与人生界之豁然贯通。故朱子特举濂溪《通书》，谓其只是说这一事。盖因朱子心中认为周濂溪乃始是能将宇宙造化与人文治平之两方兼融交尽归于一致，而二程则犹有所未尽。故朱子说格物，虽上承伊川，而其标示格物之终极理想，则必举濂溪以为例。

今专就朱子个人之学问途径言，不仅对于人生伦理及于治平大道，均所研寻。即在近代人观念中之所谓自然科学，朱子亦能随时注意。论其大者，如在天文学地质学方面，朱子皆曾有几项极深邃之观察与发现。就自然科学之发明史言，朱子所创获，尚有远在西方科学家之前，而与之不谋而合者。故朱子之论格物，不仅是一套理想，实亦是朱子平日亲所从事的一番真实之自白。

二十二　朱子论象山

以上略述朱子论格物，亦可谓乃是朱子言心学工夫之画龙点睛，最后结穴之所在。此下当略述朱子与象山两人之意见相异。

后人言朱陆异同，率谓朱子乃理学，象山乃心学，其说之误，已辨在前。其实两人异见，亦正在心学上。

言朱陆异同，必首及于鹅湖之会。象山兄九龄《复斋》一诗云：

> 孩提知爱长知钦，古圣相传只此心。大抵有基方筑室，未闻无址忽成岑。留情传注翻榛塞，着意精微转陆沉。珍重友朋勤琢切，须知至乐在于今。

象山和之云：

> 墟墓兴哀宗庙钦，斯人千古不磨心。涓流积至沧溟水，拳石崇成泰华岑。易简工夫终久大，支离事业竟浮沉。欲知自下升高处，真伪先须辨自今。

此两诗，可见当时二陆要旨。然象山谓《复斋》诗第二句微有未妥。因《复斋》言“古圣相传只此心”，则欲传圣人之心，仍须读圣人之书。自不免要留情传注，浸及支离。象山改为“斯人千古不磨心”，则今日之我心，便是往日圣人之心。所谓此心同，此理同，直从己心契入，岂不易简。传心之说，朱子实已早发在前。朱子又曰：

> 心与理，不是理在前面为一物，理便在心之中。
>
> 人心万理具备，若能存得，便是圣贤，更有何事。
>
> 凡学先要明得一个心。
>
> 自古圣贤，皆以心地为本。圣贤千言万语，只要人不失其本心。

此诸语，亦可谓乃是当时理学家共同信守语，朱陆异见，并不在此。

朱子又曰：

> 施之君臣则君臣义，施之父子则父子亲，施之兄弟则兄弟和，施之夫妇则夫妇别，都只由这个心。
>
> 人只要存得这些在这里，则事君必会忠，事亲必会孝，见孺子则怵惕之心便发，见穿窬之类则羞恶之心便发。合恭敬处自会恭敬，合辞逊处自会辞逊。
>
> 《中庸》说：天命之谓性，即此心也。率性之谓道，亦此心也。修道之谓教，亦此心也。以至于致中和，赞化育，亦只此心也。
>
> 人只是此心，以至千载之前，千载之后，与天地相为终始，只此一心。

若尽从此等处看，朱子与象山并无异见。然朱子又谓：

> 人心所见不同，圣人方见得尽。今陆氏只要渠心里见得底方谓之内，才自别人说出，便指为外。所以指文义而求之者皆不为内。只是专主生知安行，学知以下一切皆废。
>
> 简策之言，皆古先圣贤所以加惠后学，垂教无穷，所谓先得我心之同然。凡我心之所得，必以考之圣贤之书。脱有一字不同，更精思明辨，以益求至当之归。

此处乃是朱陆两家意见分歧处。朱子言人心之体，从大处说来，无内外，无古今，古圣贤所说，乃先得吾心之同然。此则同是一心，不须分别，若只把现前当下来看己心，则不免规模窄狭，不复能取人之善。

又曰：

> 学圣人之道，乃能知圣人之心。知圣人之心以治其心，而至于与圣人之心无以异，是乃所谓传心。岂曰不传其道而传其心，不传其心而传己之心哉。

此较前说更深一层。就圣人言，则圣人之道固一本于圣人之心。就后之学者言，则必学圣人之道而后乃能知圣人之心。此一曲折，便会转入二陆所谓支离与精微的路上去。而且又说知圣人之心以治其心，则更似转到外重内轻，把圣人心来作己心准则，与象山意见似更相远。

朱子又曰：

> 如孝弟等事，数件容先做底，也易晓。若是后面许多合理会处，须是从讲学中来。不然，为一乡善士则可，若欲理会得为人许多事则难。

盖孝弟等事，质美者亦可以生知安行。其他许多人事，则无不从讲学中来，然亦不得摈之在己心之外。故朱子谓陆子静杨敬仲有为己工夫。若肯穷理，当甚有可观，惜其不改。穷理则即是讲学中事。朱子又曰：

> 孝悌忠信，若浅言之，则方是人之常行。若不由此，即日用之间更无立脚处。故圣人之教，未尝不以为先。若极言之，则所谓通于神明，光于四海，无所不通，而曾子所以形容圣人一贯之妙者，亦不过如此。故大学之道，必以格物致知为先，而于天下之理，天下之书，无不博学、审问、谨思、明辨以求造其义理之极。然后因吾日用之间，常行之道，省察践履，笃志力行，而所谓孝悌之至通于神明，忠恕之一以贯之者，乃可言耳。盖其所谓孝悌忠恕，虽只是此一事，然须见得天下义理表里通透，则此孝悌忠恕方是活物。如其不然，便只是个死底孝悌忠恕。虽能持守终身，不致失坠，亦不免为乡曲之常人，妇女之检柙而已。何足道哉。

此处即是《大学格物补传》之所主。在朱子意，孝弟忠信，只属小学事。只是人之常行，日用之间一立脚处。圣人之教亦以是为先。但若极言之，孝弟可以通神明，忠恕可以达一贯，但其间必经过大学一番格物之教，讲学穷理，大有事在。否则

> 只理会得门内亭，门外事便了不得。所以圣人教人要博学。若不博学，气质纯底，将来只成一个无见识底呆人。若是意思高广底，将来遏不下，便都颠了。

所以又说：

古人之学，所贵于存心者，盖将推此以穷天下之理。今之所谓识心者，乃将恃此而外天下之理。是以古人知益崇而礼益卑。今人则议愈高而其狂妄恣睢也愈甚。

此等话，在朱子，亦并不一一针对象山而发。当时理学家风气，过分看重了心，看轻了事。又谓理在心，不在事。又因是而看轻了向外面去求知识。故朱子要说：

根本枝叶，本是一贯。身心内外，原无间隔。

此处所提本末内外，似乎是当时一般理学家所共同认为的一项重要区别。即如二程，向不提及濂溪之《太极图》，又不和康节谈数学。伊川于横渠《正蒙》，则谓其有苦心极力之象，而无宽裕温和之气。非明睿所照，而考索至此。明睿之照本于内，考索所至则在外。伊川又谓有德性之知与见闻之知。德性之知本之内，见闻之知求之外。此在二程，亦显见有重视内本轻忽外末之倾向。程门诸儒，此一倾向益显。朱子虽宗二程，然言下竭力要泯此内外本末之隔阂。其为《六先生赞》，于二程外又增入周张邵马四人。又在二程中，自谓较近伊川。若从此方面推扩，则理学风气，将为丕变。然在一般理学家眼光中，则朱子似终不免有在枝叶上用力，近乎有驰外之嫌。象山兄弟，实亦以此意见看朱子。象山极重明道，而于伊川则颇致不满。朱子之言象山，则曰：

看子静书，只我胸中流出底是天理，全不着得些工夫。

又曰：

陆子静之学，只管说一个心本来是好底物事，只被私欲遮了。若识得一个心，万法流出，更都无许多事。

在朱子意，亦同样主张一切须自我胸中流出，亦主张万法都从心中流出，但又另开一面，主张从外面流入，来广大己心，发明己心。此一面，象山则谓之是支离。朱子又谓自明道转出谢上蔡，自上蔡转出张无垢，又自无垢转出了陆象山。象山自谓得之孟子，但朱子则指其亦从程门来。后人袒护象山，谓象山之学亦源自明道，其实朱子已早发此意。

朱子又曰：

抚学有首无尾，浙学有尾无首。

抚学即指象山，浙学则导自朱子老友吕祖谦东莱。但若要在二者间择取其一，朱子则宁取抚学。若不先有内本，则失却了理学传统精神。但朱子则更要由本及末，由内向外，有了首还要有尾。至若有尾无首，则将更遭朱子之呵斥。

由上所述，可见在朱子心目中，象山地位极高，朱子极欲与象山密切讲论以归一是，并时欲对彼我两家异见得一调和。故曰：

自子思以来，教人之法，惟以尊德性、道问学两事为用力之要。今子静所说，专是尊德性事，而熹平日所论，却是问学上多了。自觉虽于义理上不敢乱说，却于紧要为己为人上，多不得力。今当反身用力，去短集长，庶几不堕一边。

此处朱子辞极谦退，然亦仍是牢守平日讲学宗旨，总是要本末内外一贯交尽。惟此项工夫，却甚难到达一恰好恰中之境界。往往不偏在这边，便易偏到那边。即朱子于北宋理学诸家中，亦只是要去短集长，求得一恰中恰好。而朱子对于自己工夫，亦时时有反省自谴之辞。在主意上则要不堕一边，而在工夫上，则每觉不遽是恰中恰好。若不明白到朱子这一番心境，则见朱子说话，往往忽彼忽此，像是没有定见。而象山听到朱子这一番说话，却云：

朱元晦欲去两短，合两长，然吾以为不可。既不知尊德性，焉有所谓道问学。

此一说，在朱子看来，亦并非不是。朱子所争，乃在知了尊德性以后，还须得道问学，不要尽靠在一边。不要尽把一边话来开导他人。此处恐是朱陆两家异见之症结所在。后人或有谓象山实是承接明道，伊川与朱子则走入歧途。从极严格之理学传统言，此亦不得谓之全不是。但朱子在理学传统中，意欲恢宏疆宇，廓开道路，把求知精神与博学精神充分加入，则此两家异见，自难调和合一了。

二十三　朱子论禅学

以上略述朱子论象山。朱子之于象山，又屡斥其近禅。象山近禅与否，此处不论。但朱子所以辟禅之意，则亦不可不知。此下当略述朱子论禅学。

朱子于佛书，亦多涉猎。尤其在早年，即深喜禅学。自从游于李延平，始一意专向于儒。朱子识禅甚深，故其辟禅，亦能中要害。惟当时理学家中浸淫于禅学者实多。程门诸贤，朱子谓其后梢皆流入禅去。故朱子辟禅，其实乃所以矫理学之流弊。其辟禅处，皆是针对当时理学作诤救。此层尤不可不知。

朱子有曰：

> 释氏虚，吾儒实。释氏二，吾儒一。释氏以事理为不紧要

而不理会。

外事理于吾心，故曰二。合吾心于事理，故曰一。朱子又曰：

释氏只要空，圣人只要实。释氏所谓敬以直内，只是空豁豁地，更无一物，却不会方外。

圣人所谓敬以直内，则湛然虚明，万理具足，方能义以方外。

然则只言敬以直内，不再言义以方外，岂不即成了禅学。所以朱子特有取于伊川敬义夹持之一语。或谓理学家言敬乃从禅学来，朱子则并不如此说，只说如释老等人却是能持敬。又说若单言敬，则易入禅学去。朱子又曰：

吾以心与理为一，彼以心与理为二。彼见得心空而无理，此见得心虽空而万理咸备。虽说心与理一，不察乎气禀物欲之私，是见得不真。《大学》所以贵格物。

此处明言心即理，但必附带一条件，曰格物。格物是到达心即理之工夫。若非格物，则仍会走上心空路上去。又曰：

释氏言，但能识此运水搬柴之物，则亦无施而不可。盖其学以空为真，以理为障，而以纵横作用为奇特，与吾儒之论正相南北。

此斥禅家言作用是性之说。又曰：

> 龟山举庞居士云：神通妙用，运水搬柴，以比徐行后长。不知徐行后长乃谓之弟，疾行先长则为不弟。如曰运水搬柴即是妙用，则徐行疾行，皆可谓之弟耶。

谓作用是性并不错，但作用有合理不合理之辨。不能谓凡是作用即合理。亦不能谓求合理，即便非作用，不是性。故朱子特地欣赏伊川“性即理也”之一语。

朱子又谓释氏工夫磨擦得这心极精细，剥尽外皮，精光独露，遂误认此心为性。佛氏所谓法身，即指此心精光言。佛氏非以空为体，乃以此心精光为体。在此心精光中，不容着一物，故谓之空。此对禅学工夫，非真有研究者，不易说到。

禅家既认作用是性，于是遂认无适非道。朱子说：

> 须是运得水搬得柴是，方是神通妙用。若运得不是，搬得不是，如何是神通妙用？佛家所谓作用是性，便是如此。所以君子贵博学于文，无精粗大小，都一齐用理会过，方无所不尽，方周遍无疏缺处。

言博学，便须推扩到天地万物，这样便似转向外去，不专就心性上做工夫。象山所疑于朱子者在此。

朱子又说：

佛氏之学，与吾儒有甚相似处。如云：有物先天地，无形本寂寥。能为万象主，不逐四时凋。又曰：扑落非它物，纵横不是尘。山河及大地，全露法王身。又曰：若人识得心，天地无寸土。看他是什么样见识。区区小儒，怎生出得他手。此是法眼禅师一派宗旨如此。今之禅家，皆破其说，以为有理路，落窠臼，有碍正当知见。今之禅家，都是麻三斤、干屎橛之说，谓之不落窠臼，不堕理路，妙喜之说便是如此。然又有翻转不如此说时。

又说：

禅只是个呆守法。如麻三斤、干屎橛，他道理初不在此上。只是教他只思量这一路，把定一心，不令散乱，久后光明自发。

如问如何是佛云云，胡乱掉一语，教人只管去思量，又不是道理，又别无可思量，心只管在这上，行思坐想，久后忽然有悟。

学禅者只是把一个话头去看。“如何是佛”“麻三斤”之类，又都无义理得穿凿，看来看去，工夫到时，恰是打一个失落一般。便是参学事毕。庄子亦云：用志不分，乃凝于神。但他都无道理，只是个空寂。

此处朱子即以禅宗工夫来证说禅宗境界。指出禅家参话头工夫之真实意义，即在所谓磨擦此心，剥尽外皮，精光独露。此一说法，乃是从妙喜书中得来。在理学家中，慧眼如炬，真能抉发禅家秘密，击中禅家病痛者，实惟朱子一人。其实二程提出敬字，也只是把定一心，不令散乱，若只守这一敬，到头也还是一个空寂。所以朱子乃以敬义夹持格物穷理来代替了禅家之参话头。又以濂溪横渠穷究宇宙万象一路来代替了法眼一派。朱子意，要把一套崭新的儒学与理学来代替出自唐以来直到当时在社会上普遍流行的那一套禅学，其事也实在不容易。

问释氏入定，道家数息。曰：他只要静，则应接事物不差。曰：吾儒为何不效他恁地？曰：他开眼便依旧失了，只是硬把握。不如吾儒“敬以直内，义以方外”。或说：世上事便要人做，只管似他坐定做甚？日月便要行，天地便要运。曰：他不行不运固不是，只是吾辈运行又有差处。他是过之，今人又不及。

此条又说到老释守静，其实当时理学家主静也从方外来。“开眼便依旧失了”一语，说静坐之病最直截最恰切。清儒颜习斋又把教人静坐来诟病朱子，其所设镜花水月之喻，正即是朱子“开眼依旧失了”六字。朱子又说：他是过之，今人又不及，此亦指心地工夫言。要做到内外本末心事合一，无过无不及，恰中恰好，那是朱子心学之理想。

或问告子之学，曰：佛家底又高，告子底死杀了，不如佛家底活。今学者就故纸上理会，也解说得去，只是都无那快活和乐底意思。似他佛家，虽是无道理，然他却一生受用，一生快活。

此条说既要惬心，又要当理。若此心无受用，不快活，难免人要逃入禅去。但若使一切运用不能当理无差，亦振不起儒学传统。濂溪教二程兄弟寻孔颜乐处所乐何事，此一指点，乃理学兴起渊源所在。凡朱子论心学工夫，则要把握此两面。所谓孔颜乐处，亦在此两面上，不在任何一面上。

举佛氏语，曰：千种言，万般解，只要教君长不昧，此说极好。它只是守得这些子光明。吾儒之学，则居敬为本，而穷理以充之，其本原不同处在此。

或以为释氏本与吾儒同，只是其末异。某与言，正是大本不同。只无"义以方外"，连"敬以直内"也不是了。

此分辨极重要。不能说佛家已得其体，再把儒家来加上用。亦不能说儒佛之辨乃是本同末异。据朱子意，内外本末原是一体，末正所以完其本，外正所以全其内。真有了此内，则必然有此外。真有了此本，则必然有此末。今既无外无末，便知非即是此内，亦非即是此本。

又曰：

> 释氏自谓识心见性，然所以不可推行者，为其于性与用分为两截。圣人之道，虽功用充塞天地，而未有出于性之外。

朱子既辨禅家认作用为性，又说其分性与用为两截。因禅家所说作用，只说的是手能持，足能履，目能视，耳能听，犹如告子说“食色性也”，只是禅家说得更高更活。今谓其性与用分为两截者，乃指人生界之修齐治平乃及参天地赞化育之一切用而言。此等始所谓功用充塞天地，但却不能谓此等皆已违逆了人性，或离开了人性。

或问孟子言尽心知性，存心养性，释氏之学，亦以识心见性为本，其道岂不亦有偶同？朱子曰：

> 佛氏之所以识心，则必别立一心以识此心。其所谓见性，又未尝睹夫民之衷，物之则。既不睹夫性之本然，则物之所感，情之所发，概以为己累而尽绝之。心者，为主而不为客，命物而不命于物。惟其理有未穷，而物或蔽之，故其明有所不照。私或未克而物或累之，故其体有所不存。圣人之教，使人穷理以极其量之所包，胜私以去其体之所害。因其一以应夫万，因其主以待夫客，因其命物者以命夫物，未尝曰反而识乎此心，存乎此心也。若释氏之云识心，则必收视反听，求其体

于恍惚之中，此非别立一心而何。

此言禅家所认识之心，实与儒家所认识者大有不同。当时理学家多染禅学，不能辨此，而竞言识心，朱子剖析驳难，精卓畅尽，惜乎此处不能详引。要之，理学家言心性，佛家禅宗亦言心性，此所谓“弥近理而大乱真”，而惟朱子为能辟之豁如。朱子又言：

> 今人见佛老家之说，或以为其说似胜于吾儒，又或以为彼虽说得不是，不用管他。此皆是看他不破，故不能与之辨。

朱子自比其辟佛辟禅，如孟子之辟杨墨。在当时，朱子与学者门人往返书牍，当面问答，随机应对。此等人亦皆依据孔孟，称道伊洛，而不自知其浸染陷溺于佛说禅学中。朱子一一为之出正解，破迷误，使儒释疆界，判然划分，此固是朱子大贡献所在。然朱子又常称道禅林中人，谓：

> 天下有些英雄人，都被释氏引将去。
>
> 某见在名寺中所画诸祖师人物，皆魁伟雄杰，宜其杰然有立。
>
> 某常道，他下面有人，自家上面没人。

又曰：

老佛亦尽有可取处。

惟朱子真识得禅，故既能加以驳辩，亦能加以欣赏。令谓理学即自禅学来，此固不是。谓理学家辟禅仅是门户之见，此复不是。然欲真见理学与禅学相异究何在，相争处又何在，则非通览朱子之书，亦难得其要领。

二十四　朱子论为学

以上略述朱子论禅学。自论敬论静以下，直至论象山论禅学各章，皆可谓是朱子论心学工夫者，惟已时时牵涉到论为学处。朱子既主内外本末一体，则为学之与养心，亦皆由此一体来，亦皆所以完成此一体。本章当续述朱子论为学。

朱子论心学工夫，每从一体之两面会通合说。其论为学工夫，亦复如是。

问：先生云"一个字包不尽"，但大道茫茫，何处下手？先生乃举《中庸》"大哉圣人之道"一章，曰：尊德性道问学，致广大尽精微，极高明道中庸，温故知新，敦厚崇礼，只从此下工夫理会。居处恭，执事敬，言忠信，行笃敬之类，都是德性。至于问学，却煞阔，条项甚多。事事物物皆是问学，无穷无尽。又曰：自尊德性而下，虽是五句，却是一句总四句。虽是十件，却是两件统八件。尊德性道问学一句为主。

又曰：

尊德性所以存心，致广大，极高明，温故敦厚属之。道问学所以致知，尽精微，道中庸，知新崇礼属之。

朱子内弟程允夫，以道问学名斋，嘱朱子为之铭，朱子告以当易斋名为尊德性。盖尊德性是道问学宗旨，道问学是尊德性方法。一切道问学，皆当为尊德性。朱子之告象山，亦曰：某之学，道问学方面说多了。此因尊德性无许多话说，道问学则其事无穷无尽，不容不多说。

又说下学上达云：

如做塔，且从那低处阔处做起，少间自到合尖处。要从头上做起，却无著工夫处。下学而上达，下学方是实。

先立个粗底根脚，方可说上至细处去。

下学者事，上达者理，理即在事中。

圣门之学，下学上达，自平易处讲究讨论。积虑潜心，优柔厌饫，久而渐有得焉，则日见其高深远大而不可穷。

而今人好玄妙，划地说得无影无形。

都好高，说空说悟。

圣人言语说得平正。必欲求奇，说令高远。说文字，眼前浅近底，他自要说深。在外底，他要说向里。本是说他事，又要引从身上来。本是说身上事，又要引从心里来。皆不可。

朱子教人，从低处阔处下学，不喜说空话，高话，玄妙话。不喜人常说向心里，说无影无形话。实则在当时理学家，这些话也已说得忒多了。

又说博文约礼。

问博文是求之于外，约礼是求之于内否？曰：何者为外？博文是从内里做出来。知须是致，物须是格，虽是说博，然求来求去，终归于一理，乃所以约礼也。

圣门教人，只此两事，须是互相发明。约礼底工夫深，则博文底工夫愈明。博文底工夫至，则约礼底工夫愈密。

内外交相助，博不至于泛滥无归，约不至于流遁失中。

此处说泛滥无归易知，说流遁失中不易知。约之又约，归纳到一点上，便易说得孤。说得孤，便易入禅。如悬空说心性，说理，说得高妙，说得无影无形，皆易流遁失中。朱子立说，皆从低处阔处多处近处说起，却自平实不失中。朱子又说：

博文是多闻多见多读。及收拾将来，全无一事，和敬字也

> 没安顿处。

此条更不易知。伊川言，未有致知而不在敬者，若非此心收拾一处，何从下多闻多见多读工夫。待及知之至而一旦豁然贯通，则此心湛然虚明，众理具备，又须在何处再安顿此一敬字，而此心亦自无不敬。可见敬字工夫，乃是圣学之入门，非是圣学之归宿。

又曰：

> 为学须是先立大本，其初甚约。中间一节甚广大，到末梢又约。近日学者多喜从约，而不于博求之，何以考验其约？又有专于博上求，而不反其约，其病又甚于约而不博者。

此条，一面箴砭当时之陆学，一面指斥当时之浙学。朱子曾谓象山两头明，中间暗，即指此。

朱子又曰：

> 孔子之教人，亦博学于文，如何便约得。

是朱子论博约，其意实更重于中间一节，即博之一面。大本之约，乃始学事。由博反约，乃成学事。中间一节，正是学问真下工夫处。又曰：

> 博文工夫虽头项多，然于其中寻将去，自然有个约处。圣

人教人有序，未有不先于博者。颜子固不须说，只曾子子贡得闻一贯之诲。余人不善学，夫子亦不叫来骂一顿，教便省悟。只得且，待他事事理会得了，方可就上面欠阙处告语之。

此言于博文中自有约，圣人只从博处教，不从约处教。

又曰：

不求众理之明，而徒恃片言之守，则虽早夜忧虞，仅能不为所夺。而吾之胸中，初未免于愦愦，是亦何足道。

仅求守约，则胸中终自愦愦。又曰：

释老之学，莫不自成一家，此最害义。如坐井观天，自以为所见之尽。及到井上，又却寻头不着。宁可理会不得，却自无病。

理会不得，尚知要理会。屈居在井里，所见不广，而遽已自成一家，则不复要理会。此等处，发人深省，最当善体。即如禅宗祖师们，幽居深山寺里，谈空说悟，岂不亦自成一家。待其出寺下山，见了天地之大，民物之繁，自会讨头不着。

又曰：

为学须先立得个大腔当了，却旋去里面修治壁落教绵密。

今人多是未曾知得个大规模，先去修治得一间半房，所以不济事。

当时理学家，竞务于心性守约。自朱子言之，亦只是一间半房而已。

朱子又说一贯，云：

一便如一条索，那贯底物事，便如许多散钱。须是积得这许多散钱了，却将那一条索来一串穿，这便是一贯。

一者，对万而言。今却不可去一上寻，须是去万上理会。

先就多上看，然后方可说一贯。学者宁事事先了得，未了得一字却不妨。莫只悬空说个一字，作大罩了，逐事都未曾理会，却不济事。

恰如人有一屋钱散放在地上，当下将一条索子都穿贯了。而今人元无一文钱，却也要学他去穿。这下穿一穿，又穿不着。那下穿一穿，又穿不着。以怎为学，成得个什么边事。

不是一本处难认，是万殊处难认。如何就万殊上见得皆有恰好处？

会合上引，自见朱子论为学之要旨。

二十五　朱子论读书

以上略述朱子论学。主博文，主格物穷理，主多方以求，自然要教人读书。但在理学家中，正式明白主张教人读书，却只有朱子一人。后人汇集其语，名为朱子读书法者，不止一家。本章当再摘要撮述为朱子论读书。

当时理学家风气，务于创新说，各欲自成一家言。朱子教人读书，多属针对此项流弊而发。初视若大愚大拙，而实启大巧大智之键。若至钝至缓，而实蕴至捷至利之机。

问《易》如何读？曰：只要虚心以求其义，不要执"己"见。读他书亦然。

又曰：

看书不可将己见硬参入去。随他本文正意看，依本子识得文义分明。自此反复不厌，日久月深，自然心与理会，有得力处。

读书若有所见，未必便是，不可便执著。且放一边，且更读，以来新见。

如去了浊水，然后清者出。

牵率古人言语，入做自家意中来，终无进益。

须是胸次放开，磊落明快，恁地去。

或问读书未知统要。曰：统要如何便会知得？近来学者，有一种则舍去册子，却欲于一言半句上便见道理。又一种则一向泛滥，不知归著处。此皆非知学者。须要熟看熟思，久久间自然见个道理，四停八当，而所谓统要者自在其中。

看文字，少看熟读，一也。不要钻研立说，但要反复体玩，二也。埋头理会，不要求效，三也。

此可谓朱子教人读书三纲领。朱子又曰：

读书须看得一书彻了，方再看一书。

须从一路正路直去，四面虽有可观，不妨一看，然非紧要。

东坡教人读书，每一书当作数次读之。当如入海，百货皆有，不能兼收尽取，但得其所欲求者。如欲求古今兴亡治乱，圣贤作用，又别作一次求事迹文物之类，他皆如此。若学成，八面受敌，与慕涉猎者不可同日而语。

黄山谷与人帖有云：学者喜博而常不精。泛滥百书，不如精于一。有余力，然后及诸书，则涉猎亦得其精。盖以我观书，则处处得益。以书博我，则释卷而茫然。先生深喜之，以为有补于学者。

东坡山谷，皆文章之士，不为理学家重视，而朱子独有取其言。真能读书，则可不问理学、经学、史学、文学，读书则总该如此读。朱子又曰：

读书不可兼看未读者，却当兼看已读者。

要将理会得处反复又看。

问看文字，为众说杂乱，如何？曰：且要虚心，逐一说看去。看得一说，却又看一说。且依文看，逐处各自见个道理，久之自然贯通。

众家说有异同处最可观。甲说如此，且挦扯住甲，穷尽其辞。乙说如此，且挦扯住乙，穷尽其辞。两家之说既尽，又参考而穷究之，必有一真是者出。

读书至于群疑并兴，寝食俱废，乃能骤进。如用兵，须大杀一番，方是善胜。

固不可凿空立论，然读书有疑，有所见，自不容不立论。

其不立论者，只是读书不到疑处。熟读书，自然有疑。若先去求个疑，便不得。

读书不广，索理未精，乃不能致疑，而先务立说，所以徒劳苦而少进益。

学者所患，在于轻浮，不沉着痛快。

读书宁详毋略，宁下毋高，宁拙毋巧，宁近毋远。

此又可谓是朱子教人读书之四大戒条。果能详能下能拙能近，自见沉着痛快。轻浮者则必好高好远好巧好略。又曰：

看文字，须大段精采看。耸起精神，树起筋骨，不要困，如有刀剑在后一般。

读书譬之煎药，须是以大火煮滚，然后以慢火养之，却不妨。

宽著期限，紧著课程。

小作课程，大施工力。

如今日看得一版，且看半版，将那精力求更看前半版。

如射弓，有五斗力，且用四斗弓，便可拽满，己力欺得他过。

如此读书，内而存心养性，外则穷理致知，其道一辙，实非异轨。当时理学家相率以谈心性为务，既不致知穷理，更益轻视读书，目之为第二义，又相戒勿恃简册，朱子独力矫其弊，谓：

凡吾心之所得，必以考之圣贤之书。脱有一字不同，则更精思明辨，以益求至当之归。毋惮一时究索之劳，使小惑苟解，而大碍愈张。

求之自浅以及深，至之自近以及远，循循有序，不可以欲速迫切之心求。非固欲画于浅近而忘深远，舍吾心以求圣人之心，弃吾说以徇先儒之说也。

鄙意且要学者息却许多狂妄身心，除却许多闲杂说话，著实读书。初时尽且寻行数墨，久之自有见处。

凡百放低，且将先儒所说正文本句，反复涵泳，久久自见意味。

只且做一不知不会底人，虚心看圣贤所说言语，未要便将自家许多道理见识与之争衡。退步久之，却须自有个融会处。自家道理见识，未必不是，只是觉得太多了，却似都不容他古人开口，不觉蹉过了他说底道理。至如前人议论得失，今亦何暇为渠分疏。且救取自家目今见处。若舍却自己，又救那一头，则转见多事，不能得了。

读古人书，非务外为人，争古人之是非。乃欲扩大自己心胸，多闻多知，也该容古人开口说他底道理。但也不是要舍己以徇，乃求有个融会，以益期于至当之归。若要得如此，却须把自家先放低，先退一步，虚心做一不知不会底人。莫把自家先与他争衡，待了解得他，自会有疑有辨，久之却来新见。朱子如此教人读书，实亦不是

专对当时理学界作箴砭，千古读书，欲求得益，必当奉此为准绳。否则

一事必有两途，才见彼说昼，自家便寻夜底道理反之，各说一边，互相逃闪，更无了期。

凡务求创新见而轻视传统，其弊皆如此。后之视今，亦如今之视昔。苟无传统，亦将无学术可言。朱子又自说：

勤劳半世，汩没于章句训诂之间，黾勉于规矩绳约之中，卒无高奇深眇之见，可以惊世而骇俗。独幸于圣贤遗训，粗若见其坦易明白之不妄而必可行者。

此乃朱子之谨守传统处，亦是其能独创新说处。朱子又曰：

读书别无他法，只是除却自家私意，逐字逐句，只依圣贤所说，白直晓会，不敢妄乱添一句闲杂言语，则久久自然有得。如其不然，纵使说得宝花乱坠，亦只是自家杜撰见识。

新见亦都从传统中来。若抹杀传统，尽求新见，此等皆是杜撰。又曰：

方看得一句《大学》，便已说向《中庸》上去，如此支离

蔓衍，彼此迷暗，互相连累。非惟不晓《大学》，亦无功力别可到《中庸》。枉费精力，闲立议论，翻得言语转多，却于自家分上转无交涉。

故曰：

读书惟虚心专意，循次渐进，为可得之。如百牢九鼎，非可一嚗而尽其味。

切不可容易躁急，厌常喜新，专拣一等难理会无形影底言语，暗中想像，杜撰穿凿，枉用心神，空费目力。

朱子教人读书，其语尚多。有些处真是说得如大愚大拙，至钝至缓。但从来读书人，却无一人能如朱子之博读而多通，特达而多见。或又疑朱子乃理学大儒，主要应在心性上用功，而朱子毕生精力却又似都花在读书上。不知朱子读书，同时即是心地工夫。朱子教人要能具备虚心，专心，平心，恒心，无欲立己心，无求速效心，无好高心，无外务心，无存惊世骇俗心，无务杜撰穿凿心，能把自己放低，退后，息却狂妄急躁，警惕昏惰闲杂。能如此在自己心性上用功，能具备此诸心德，乃能效法朱子之读书。故朱子教人读书，同时即是一种涵养，同时亦即是一种践履。朱子教人读书，乃是理学家修养心性一种最高境界，同时亦即是普通读书人一条最平坦的读书大道。理学之可贵亦正在此。慎勿以为此等乃是理学家之教人读书而忽之。

朱子追和二陆鹅湖诗有曰：

> 旧学商量加邃密，新知涵养转深沉。

后人读朱子书，多见其旧学商量之邃密，而不见其新知涵养之深沉。同时当知，旧学商量之邃密，即足以证其新知涵养之深沉。欲求了解到朱子新知之深沉处，则亦终必要效法朱子之读书法来读朱子书，乃能渐渐窥及。

《论语·述而篇》，子曰：述而不作，信而好古，窃比于我老彭。朱子《集注》说之曰：

> 述，传旧而已。作则创始也。故作非圣人不能，而述则贤者可及。窃比，尊之之辞。我，亲之之辞。老彭，商贤大夫，盖信古而传述者也。孔子删诗书，定礼乐，赞周易，修春秋，皆传先王之旧，而未尝有所作也，故其自言如此。盖不惟不敢当作者之圣，而亦不敢显然自附于古之贤人。盖其德愈盛，而心愈下，不自知其辞之谦也。然当是时，作者略备，夫子盖集群圣之大成而折衷之，其事虽述，而功则倍于作矣。此尤不可不知。

此一段话，不啻是朱子之自道。孔子集古圣之大成，而朱子则集孔子以下诸贤之大成。其主要点只在求能述，而不敢自居于作。但真能述，则其功自倍于作。此中有深意，非真能明白到千古学术之大传统者不易知。若其必欲有作，而不愿自居于述者，此则先自把自己地位太提高了，太放前了，把轻视前人之书之心来读前人之书，固宜于朱子之教人读书法，感其无可欣赏，而亦不易于接受。

二十六　朱子之经学

以上略述朱子论读书。其论为学，论读书，上两章之所言，皆在一般方法上，此下当略述朱子个人在学术上之实际成就，及其具体表现。但亦仅能略述其分治某一项学问之议论为主。至于对朱子每一项学问之内容落实处，则非此所欲详。经学为儒学之主干，自汉迄于北宋无变。理学创兴，二程自谓得孟子以来不传之秘，虽曰反求之六经，其实二程于汉儒以下之经学，殆亦不复重视。此风直至南宋，不革益烈。朱子说之曰：

今学者不会看文字，多是先立私意，自主张己说，只借圣人言语做起头，便把己意接说将去，病痛专在这上。

说道理，只要撮那头一段尖底，末梢便到那大而化之极

> 处。中间许多，都把做渣滓，不要理会。相似把个利刃截断，中间都不用了。这个便是大病。

其实理学兴起，岂不即是要把秦汉以下中间一段全切断了都不用。但在朱子自己，亦认为伊洛说理远胜过了汉儒之说经。故曰：

> 自尧舜以下，若不生个孔子，后人去何处讨分晓。孔子后若无个孟子，也未有分晓。孟子后数千载，乃始得程先生兄弟发明此理。

如此则岂不亦将中间一段截断都不用。但朱子又曰：

> 汉儒一向寻求训诂，更不看圣人意思，所以二程先生不得不发明道理开示学者，使激昂向上，求圣人用心处，故放得稍高。不期今日学者，乃舍近求远，处下窥高，一向悬空说了，扛得两脚都不着地，其为害反甚于向者之未知寻求道理，依然只在大路上。今之学者，却求捷径，遂至钻山入水。

今之学者，即指一辈承接二程之理学言，亦即是指程门流弊言。求捷径，便大害事。求钻山入水，更会大害事。故朱子又曰：

> 今之谈经者，往往有四者之病。本卑也而抗之使高。本浅也而凿之使深。本近也而推之使远。本明也而必使至于晦。此

> 今谈经之大患。

求高，求深，求远而至于晦，此为当时理学家谈经四大病。其病来自不治经而谈经：

> 说来说去，只说得他自己一片道理，经意却蹉过了。尝见一僧云：今人解书，如一盏酒，本是好，被这人一来添些水，那一人来又添些水，次第添来添去，都淡了。他禅家尽见得这样。

朱子明谓：今日理学家说经，其害已过于汉儒。又谓他禅家尽见得，而今学者不知。朱子对当时理家说经流弊之尽力掊击，实已远超于后人之攻击理学者之上。后人攻击理学，亦岂能如朱子之笃切而深至。朱子治经，一面遵依汉唐儒训诂注疏旧法，逐字逐句加以理会，力戒自立说笼罩。一面则要就经书本文来解出圣贤所说道理，承守伊洛理学精神。就今《语类》所集，朱子告其门弟子，于二程遗说违失经旨而加以诤议与驳正者，约略计之，当可得二百条以上之多。其间有对某一条反复辨析达至三四次七八次者。连合计之，则总数当在三四百条以上。至于程门后学，乃及同时其他诸儒说经违失，朱子一一纠摘，《语类》中所见条数，不胜统计。盖自有朱子，而后使理学重复回向于经学而得相绾合。古今儒学大传统，得以复全，而理学精旨，亦因此更得洗发光昌，此惟朱子一人之功。

但就朱子研究经学之所得，不仅在当时理学中杜塞歧途，而对汉以下诸儒说经，却多开辟新趋。循此以下，将使儒家经学，再不复是汉唐儒之经学，而确然会走上一条新道路。朱子所谓旧学商量加邃密，新知涵养转深沉，亦可于此窥见其一面。以下当就朱子经学，分经叙述，首先略述朱子之易学。

《易经》一书，北宋诸儒，自胡安定范高平以来，皆所重视。濂溪、横渠、康节，皆于《易》有深得。伊川毕生，亦仅成《易传》一书。但朱子于伊川《易传》颇不赞同。谓：

> 《易传》推说得无穷，然非《易》之本义。先通得《易》本指后，道理尽无穷，推说不妨。便以所推说者去解《易》，则失《易》之本指。

因此朱子乃作《易本义》一书。《本义》中所阐发，则认《易》本为一卜筮书。谓：

> 《易经》本为卜筮而作，皆因吉凶以示训戒。
>
> 圣人要说理，何不就理上直剖判说，何故恁地回互假托，何故要假卜筮来说，又何故说许多吉凶悔吝。
>
> 若把作占看时，士农工商事事人用得。若似而今说时，便只是秀才用得。

古时社会与后世不同，那时哪里有这许多秀才。故：

圣人便作易教人去占，占得怎地便吉，恁地便凶。所谓通天下之志，定天下之业，断天下之疑者，此只是说蓍龟。

今人说易，所以不将卜筮为主者，只是嫌怕少却这道理。故凭虚失实，茫昧臆度。

后人硬要自把一番道理来说圣人经书。朱子则就经书本文来求圣人意思。故又说：

《易》本是卜筮之书，卦辞爻辞，无所不包，看人如何用。程先生只说得一理。

《易》中之卦辞爻辞，包括着许多事，随人问而指点其吉凶。朱子主张就事明理，伊川《易传》则只悬空说得一理，要人把此理来应事，此是朱子说《易》与伊川《易传》意见相歧处。换言之，伊川《易传》，乃是以理学来说《易》，朱子则以《易》说《易》，以经学来说《易》。把《易》说通了，则自得为理学又平添出许多道理来。朱子又说：

《易传》须先读他书，理会得义理了，方有个入路，见其精密处。非是《易传》不好，是不合使未当看者看。须是已知义理者，得此便可磨砻入细。此书于学者，非是启发工夫，乃磨砻工夫。

朱子意伊川《易传》，非不是一部好书，识得义理者读之，可资磨砻入细。但不能由此启发人明《易》书本义，又不能启发人从《易》书来明得伊川此番义理。朱子又说：

> 伊川要立议论教人，可向别处说，不可硬配在《易》上说。

把己意说经，易使人汩没在此等经说上，而于义理无个人路。伊川《易传》说得尽好，尚如此，则不论程门以下了。

朱子又说：

> 《易》中详识物情，备极人事，都是实有此事。今学者平日在灯窗下习读，不曾应接世变，一旦读此，皆看不得。

此条尤具深旨。不仅伊川《易传》不合使未当看者看，即《易》之本经亦不合使未当看者看。要之《易经》不当使未接世变未穷事理者来作入门书。朱子又曰：

> 《易》之为书，因阴阳之变，以形事物之理。大小精粗，无所不备。尤不可以是内非外、厌动求静之心读之。

朱子意，读《易》者，不可有是内非外、厌动求静之心，尽在灯窗下读，则将于《易》终无所得。若谓朱子教人只主博学，主多读书，读书又只主逐字逐句详读细读，而忽略了朱子此等意见，则终是失了朱子论学宗旨。

朱子又说：

> 人自有合读底书，如《大学》《语》《孟》《中庸》等书，岂可不读？读此四书，便知人之所以不可不学底道理，与其为学之次序。然后更看《诗》《书》《礼》《乐》。某才见人说看《易》，便知他错了，未尝识那为学之序。《易》自是别是一个道理，不是教人底书。

此处朱子为人开示为学门径，及其次序，而谓《易》非教人之书，见人说看《易》，便知他错了，此真是大儒卓见，从来学者未曾说及。

朱子又说：

> 孔子之《易》，非文王之《易》。文王之《易》，非伏羲之《易》。伊川《易》传，又自是程氏之《易》。学者且依古《易》次第，先读本爻，则自见本旨。

此处根据古《易》版本，分别次第，其果为伏羲《易》、文王《易》、孔子《易》与否，且不详论。要之《易》之本书，有此三阶序。朱子意，孔子已是根据了《易》之卜筮来说道理，伊川又别自说出一套道理，此当就其各自说的道理处来看，不必牵合《易》之本书来说。朱子《易本义》，则求摆脱了孔子说《易》乃至伊川说《易》，而只本《易》书来求《易》义。

然则伊川《易传》所说道理，既不从《易》之本书来，又从何处来？朱子说：

> 他说反求之六经而得，也是于濂溪处见得个大道理，占地位了。

后人见二程自言，反求之六经而得，又伊川毕生只成了一部《易传》，遂认为其学从六经来，从《易》来，朱子则说只是先从濂溪处见得个大道理占地位。此等处，实可谓一针见血，说到了前人学术真血脉处。在理学界中真是道人之所不能道。

伊川言《易》，伊川前濂溪、康节、横渠亦皆言《易》。或谓濂溪康节言《易》，皆从陈抟来。但陈抟前又有魏伯阳等言《易》。此等也如孔子言《易》，各发一义，既皆非《易》之本义，则只有就各人所言来分别衡论各人之是非。如此等处，朱子意见，可谓极宏通，又极细密。后人纷纷疑难辨诘，皆失朱子之渊旨。

朱子既主《易》为卜筮书，因而注重到《易》中之象数，反似更重过于《易》中之义理。朱子说：

> 经书难读，而《易》为尤难。未开卷时，已有一重象数大概工夫。

言象数，乃是从卜筮，即文王《易》，更向上推，而到伏羲画卦，即伏羲《易》上去。因此朱子言《易》。有许多处却接近汉儒。朱子于作为《易本义》之后，又作《易启蒙》，竭力主张康节之先天图，此层更启后人纷争。

抑且朱子论《易》，除《易》之本义外，大而至于无极太极，先天后天，又下而至于如世俗所流行之《火珠林》《灵棋课》之类。盖亦是分着三阶序来治《易》。一是从象数方面，直从伏羲画卦到康节先天图为一路。一是从卜筮方面，直从文王周公爻辞到后世《火珠林》《灵棋课》之类为第二路。一是从孔子《十翼》到濂溪、横渠、康节论阴阳为第三路。其他如《参同契》言养生之类又在外，朱子皆各别注意。其分明而豁达，古今人乃鲜有知之者。故其与人书有曰：

> 易且看程先生传亦佳，某谬说不足观。然欲观之，须破开肚肠，洗却五辛渣滓，乃能信得及。

其门人有云：

> 先生于《诗传》，自以为无复遗恨，曰：后世若有扬子云，必好之矣。而意不甚满于《易本义》。盖先生之意，只欲作卜筮用，而为先儒说道理太多，终是翻这窠臼未尽，故不能不致遗恨云。

若伊川《易传》，则为以道理来说《易》之第三阶序，而说得太多之尤者。观此两条，可以想象朱子论《易》之大概。

以上略述朱子论《易》学，以下当续述朱子论《诗》学。

朱子治经，成书两种，曰《易》与《诗》。朱子谓：

> 《诗》自齐鲁韩氏之说不传，学者尽宗毛氏。推衍说者，独郑氏之笺。唐初诸儒疏义，百千万言，不能有以出乎二氏之区域。本朝刘、欧阳、王、苏、程、张，始用己意有所发明，三百五篇之微词奥义，盖不待讲于齐鲁韩氏之传，而学者已知诗之不专于毛郑矣。

此论汉儒治《诗》，本不专于毛郑。宋儒亦能于毛郑外用己意有所发明。

> 及其既久，求者益众，说者愈多，同异纷纭，争立门户，无复推让祖述之意。学者无所适从，而或反以为病。

宋儒能自出己意，有所发明，是其长。争立门户，使学者无所适从，是其短。不仅《诗》学如此，其他经学亦然。不仅治经学者如此，即理学亦复然。朱子之所以教人，则必：

> 兼综众说，融会通彻。一字之训，一事之义，必谨其所

> 自。及其断以己意，虽或超出于前人，而必谦让退托，未尝敢有轻议前人之心。

此乃朱子称其老友东莱所为《家塾读诗记》之语。而朱子之衡评汉宋，指导当前，其意灼然可见。又谓东莱书中所引朱氏，实熹少时浅陋之说，其后自知其说未安，有所更定，而东莱反不能不置疑。盖朱子治《诗》，先亦多宗毛郑，后乃翻然易辙者。

朱子又自道其解《诗》工夫，谓：

> 当时解《诗》时，且读本文四五十遍，已得六七分，却看诸人说与我意如何。大纲都得，又读三四十遍，则道理流通自得。

此项工夫，可分三层。其先是熟诵《诗经》本文，每诗读至四五十遍。待见到六七分，然后再参众说，是第二层。其参众说，则必古今兼综，巨细不遗。待大纲都得，又读本诗三四十遍，则到第三层。而后《诗》中道理流通自得。其治《诗》如此，其治他经亦然。所以其学皆从传统来，莫不有原有本，而又能自出己见，有创有辟。

> 问学者诵《诗》，每篇诵得几遍？曰：也不曾记，只觉得熟便止。曰：便是不得。须是读熟了涵泳读取百来遍，那好处方出，方得见精怪。读得这一篇，恨不得常熟读此篇，如无那

第二篇，方好。而今读第一篇了，便要读第二篇，恁地不成读书。此便是大不敬。须是杀了那走作底心，方可读书。

朱子教人读《论》《孟》，读他书，亦时时如此说。已详前论读书篇。又曰：

某旧时看《诗》，数十家之说，一一都从头记得。初间那里敢便判断那说是，那说不是。看熟久之，方见得是非，然也未敢便判断。又看久之，方审得。又熟看久之，方敢决定。这一部诗并诸家解，都包在肚里。公今只是见前人解诗，也要解，更不问道理，只认捉着，便据自家意思说，于己无益，于经有害，济得甚事。

读了一诗，急要读第二诗，此心常在走作中，此是心不敬之一。读了他人说，便急要自己说，此是心不敬之二。他人说未熟看，便敢判其是非，便是心不敬之三。所谓不敬，只是不把来当作一事，不认真，不仔细，如此何能真看到诗中道理来？此处当细看前面朱子论格物穷理处。

朱子精擅文学，其治《诗》，亦主从文学参入。故曰：

圣人有法度之言，如《春秋》《书》《礼》，一字皆有理。如《诗》，亦要逐字将理去读，便都碍。

《诗》有《诗》中之理，《易》有《易》中之理，诸书中之理，当各别去寻求。若只凭自己心中一理来读《诗》读《易》，便不是格物穷理。朱子又说：

今人说《诗》，空有无限道理，而无一点意味。

看《诗》，义理外，更好看他文章。

古人说，《诗》可以兴。须是读了有兴起处，方是读《诗》。

《诗》便有感发人的意思。今读之无所感发，正是被诸儒解杀了。

理学家最不重文学。不知文学中亦自有文学之理。文学最大功用在能感发兴起人。先把义理来解杀了《诗》，便失去《诗》之功用。朱子又曰：

今人不以《诗》说《诗》，却以序解《诗》，委曲牵合，必欲如序者之意，宁失诗人之本意。

某解《诗》，都不依他序。总解得不好，也不过是得罪于作序之人。

尽涤旧说，诗意方活。

朱子为《诗集传》，又为《诗序辨说》一册，一主经文，而尽破毛郑以来依据小序穿凿之说，此是朱子一种辨伪工夫。与其《易本义》，主张《易》为卜筮书，同为千古创见。朱子尝曰：

如有人问《易》不当为卜筮书，《诗》不当去小序，不当叶韵，皆在所不答。

其于己所创见，其自信有如此。而于《诗传》，尤以为无复遗恨。然又曰：

某生平也费了些精神理会《易》与《诗》。然其得力，则未若《语》《孟》之多也。《易》与《诗》中所得，似鸡肋焉。

此乃朱子本其理学立场，谓于《诗》《易》中收获不多。至于当时理学家，以自己意见来解《诗》说《易》，此为引人入歧。非朱子真下工夫，亦无以识其非。

以上略述朱子论《诗》学，以下当续述朱子论《书》学。

朱子于《书经》，未有成书，然有其绝大之发现。首为指出伏孔两家今古文之同异。朱子尝谓：

今文多艰涩，古文反平易。

如何伏生偏记得难底，至于易底，全不记得。

此一疑问，遂开出后来明清两代儒者断定《尚书》古文之伪之一案，而其端实是朱子开之。可与其论《易》为卜筮书，与《诗》小序之不可信，同为经学上之三大卓见。

其次乃论《尚书》多不可信。有曰：

> 《书》中可疑诸篇，若一齐不信，恐倒了六经。

朱子所举，如《盘庚》、如《金縢》、如《酒诰》、《梓材》、如《吕刑》诸篇，皆属今文。今文亦多可疑，此则后来明清诸儒所未能及。朱子读书，极富辨伪精神，又极富疑古精神，其于经书亦然。可谓敻复出千古。惜乎朱子惟恐倒了六经，于《书经》方面未加详细发挥。

朱子又疑《禹贡》，谓：

> 如《禹贡》说三江及荆扬间地理，是吾辈亲自见者，皆可疑。至北方即无疑。此无他，是不曾见耳。

朱子意，若亲到北方，目睹北方山水，则《禹贡》在此方面亦当多可疑。后人则谓禹之治水，未曾亲到南方，故言荆扬间地理可疑，此似尚非朱子意。故朱子又曰：

> 有工夫更宜观史。

如理会《禹贡》，不如理会后代历史地理沿革。故朱子不教人治《春秋》，而自所致力则在温公之《通鉴》。其在某些处，常有置史于经之上之见解，亦非从来经生诸儒所及。

其又一贡献，则谓：

> 《书》中某等处，自不可晓，只合阙疑。某尝谓《尚书》有不必解者，有须着意解者，有略须解者，有不可解者。
>
> 昔日伯恭相见，语之以此，渠云亦无可阙处。因语之云：若如此，则是读之未熟。后二年相见，云诚如所说。

《书》中有如制度，如天文历法，如地理，如其他名物，非博洽此等专家之业，则不易解，此事清儒亦知之。除此等外，《尚书》仍多有不可解处，则清儒似未识得。

朱子初亦欲自作《书集传》，未成稿，晚年以付及门蔡沈，又告之曰：

> 苏氏伤于简，林氏伤于繁，王氏伤于凿，吕氏伤于巧，然其间尽有好处。

是朱子于宋儒解书，亦一一平心抉其短而不忽其所长。求以荟萃融会，定于一是，其用意无异于治他经。惜乎蔡沈之《传》，则似未能深体朱子之渊旨。

以上略述朱子论《书经》，以下当续述朱子论《春秋》。

朱子于《春秋》未有撰述，又戒学者勿治。曰：

《春秋》难看，不食马肝，亦不为不知味。

《春秋》无理会处，不须枉费心力。

《春秋》难看，此生不敢问。

某平生不敢说《春秋》。

要去一字半字上理会褒贬，求圣人之意，你如何知得他肚里事？

不是郢书，乃成燕说，今之说《春秋》者正此类。

某都不敢信诸家解，除非是得孔子还魂亲说得。

《春秋》只是直载当时之事，要见当时治乱兴衰，非是于一字上定褒贬。

看《春秋》只如看史样。

且须看得一部《左传》首尾通贯，方能略见圣人笔削与当时事之大意。

以三传言之，《左氏》是史学，《公》《谷》是经学。史学者记得事却详，但于道理上便差。经学于义理上有功，然记事多误。

问《公》《谷》，曰：据他说，亦是有那道理，但恐圣人当初无此等意。

以上略述朱子论《春秋》，以下当续述朱子论《礼》学。

朱子于经学中特重《礼》，其生平极多考《礼》议《礼》之大文章。尤其于晚年，编修《礼》书，所耗精力绝大。

朱子论《礼》，大要有两端。一曰贵适时，不贵泥古。一曰

《礼》文累积日繁，贵能通其大本。又曰：

孔子曰：行夏之时，乘殷之辂。已是厌周文之类了。某怕圣人出来，也只随今风俗，立一个限制，须从宽简。而今考得礼子细，一一如古，固是好。如考不得，也只得随俗，不碍理底行将去。

礼不难行于上，而欲其行于下者难。

古礼恐难行。古人已自有个活法。如弄活蛇相似，方好。今说礼，只是弄得一条死蛇。

礼乐多不可考，盖为其书不全，考来考去，考得更没下梢。故学礼者多迂阔。一缘读书不广，兼亦无书可读。

又曰：

古礼非必有经，岂必简策而后传。

此意亦为从来言《礼》者所未及。故又曰：

礼，时为大。有圣人者作，必将因今之礼而裁酌其中，取其简易，易晓而可行。

朱子意，其要不在考《礼》，而在能制礼。故曰：

有位无德而作礼乐，所谓“愚而好自用”。有德无位而作礼乐，所谓“贱而好自专”。居周之世而欲行夏殷之礼，所谓“居今之世，反古之道”。道即指议礼、制度、考文之事。

朱子自己无位，故屡言有圣人者作云云以寄慨。然朱子虽未能制礼，亦不免时有议礼之文。其范围极广泛，几于无所不包。有关社会下层者，有关政府上层者。议礼则必考文。朱子言：

在讲筵时，论嫡孙承重之服，当时不曾带得文字行。旋借得《仪礼》看，又不能得分晓。后来归家检注疏看，分明说嗣君有废疾不任国事者，嫡孙承重。当时若写此文字出去，谁人敢争。乃知书非多看不办。

朱子因此谓汉儒之学，有补世教者不小。因亦极重古者《礼》学专门名家之意。谓此等人终身理会此事，有所传授，虽不晓义理，却记得。凡行礼有疑，皆可就而问之。朱子晚年编修《礼》书，亦欲汇纳古代礼文，分其门类，归之条贯，以便寻检。然朱子终因议礼遭忌逐，遂有党禁之祸。在其卒前一日作三书，二书皆为交付其门人完成《礼》书工作，此书后称《仪札经传通解》。

以上略述朱子论《礼》学。

朱子以理学大师而岿然为经学巨匠，其经学业绩，在宋元明三代中，更无出其右者。清儒故意持异，今当就两者间略作一比较。

一、朱子治经，于诸经皆分别其特殊性，乃及研治此经之特殊方法与特殊意义之所在。清儒似乎平视诸经。以为皆孔氏遗书，故曰非通群经不足以通一经。其说似乎重会通。然因其无分别，乃亦无会通可言。

二、朱子治经，除经之本文外，必兼罗汉唐以下迄于宋代诸家说而会通求之，以期归于一是。清儒则重限断。先则限断以注疏，宋以下皆弃置不理会。继则限断以东汉，又继则限断以西汉，更复限断于家法。极其所至，成为争门户，不复辨是非。

三、朱子说经，虽在理学立场上素所反对如苏东坡，尤甚者如张横浦，苟有一言可取，亦加采纳。清儒于其自立限断之外，全不阑入。尤其如朱子，校《仪礼·少牢馈食礼》“日用丁巳”乃“戊己”之“己”之讹，清儒不得不承用，然亦委曲闪避，以引述朱子语为戒。其弟子蔡沈所为《书集传》，清儒亦有沿用，而亦没其名不提。

四、朱子说经，极多理据明备创辟之见，清儒亦不理会。其大者，如谓《易》是卜筮书，孔子《易》当与文王周公《易》分别看，清儒不加引申，亦不加反驳。只据汉儒说，一若未见朱子书。朱子辨毛序，事据详确，清儒乃仍有专据毛序言《诗》者。亦有据不全不备之齐鲁韩三家各自依附言《诗》者。朱子言《尚书》有不可解，清儒乃有专据郑氏一家解《尚书》者。朱子分别《春秋》三传，言其各有得失，清儒则有专主《公羊》排《左氏》，而扩大成为经学上今古文之争。朱子治《礼》学，不忘当前，每求参酌古今而期于可行。清儒则一意考古，仅辨名物，不言应用。朱子《仪礼经传通解》，规模宏大，为其经学上巨著。《文集》《语类》中，考

《礼》议《礼》，触处皆是。而清儒顾谓宋代理学家，只言理，不言礼。

五、朱子论《尚书》，论《春秋》，每及于史，并有置史于前之意。清代史学，则只成经学附庸，治史亦只如治经，不见有大分别。

上之五项，皆其荦荦大者。至如训诂、考据、校勘，清儒自所夸许，实则宋儒治经，亦无不及此诸项。惟宋儒贵能自创己见，清儒则必依傍前人，此亦各有得失。朱子则力矫当时好创己见之病，于前人陈说绝不忽视，但于详究前人陈说后，仍留自创己见之余地。清初诸儒，如阎若璩于《尚书》，胡渭于《禹贡》，顾栋高于《左传》，方玉润于《诗》，亦尚取径宽而用意平，不如乾嘉以下正统经学之拘固。然自乾嘉以下诸儒视之，亦若未够标准，故《清经解》正编，此诸书皆所不采。而方玉润之《诗》，则《续经解》亦未采列。

二十七　朱子之四书学

以上略述朱子之经学，以下当续述朱子之四书学。

在宋代理学家心中，四书学亦即是经学，而四书地位，尚尤较其他诸经为重要。首先提出四书而赋以极崇高之地位者为二程，朱子毕生，于四书用功最勤最密，即谓四书学乃朱子全部学术之中心或其结穴，亦无不可。

《大学》是否当分经传，其所谓经，是否为孔子之言而曾子述之。其所谓传，是否为曾子之意而门人记之。《中庸》是否为子思所著以授孟子。古代儒家传统，是否乃是孔曾思孟一线相承，如二程之所言，朱子之所定。此皆大有论辩余地。但四书结集于程朱，自朱子以来八百年，四书成为中国社会之人人必读书，其地位实已越出在五经之上。而读四书，则必兼读朱子之《论孟集注》与《学庸章句》，已定为元明清三代朝廷之功令。据此事实，朱子四书学所影响于后代之深且大，亦可想见。本章则只略述朱子完成此四书《集注》与《章句》之经过。

朱子有言：

> 《语》《孟》工夫少，得效多，六经工夫多，得效少。

此一条，即已把宋以下之孔孟并重代替了汉以下之周孔并重，把四书地位来代替了五经地位。换言之，乃是把当时之理学来代替了汉唐之经学。所谓“六经工夫多，得效少”，据上述朱子经学一章，已可明得其大概。至谓“《语》《孟》工夫少，得效多”，此语似更易明白，不用多讲。但朱子一生所用于《语》《孟》之工夫实不少。较其所用于五经者，实更多出百倍。朱子乃是效法汉儒经学工夫而以之移用于《语》《孟》，逐字逐句，训诂考据，无所不用其极，而发挥义理则更为深至。我所谓朱子乃绾经学与理学而一之者，亦于此益见。盖朱子之四书学，乃是其理学之结晶，同时亦是其经学之结晶。朱子以前之理学家，其说《语》《孟》，多是以孔孟语作一起头，接着自发己意，缺乏了一种经学精神，其势将使理学与儒家传统脱节，亦如先秦诸子之自成一家而止。朱子四书学，重在即就《语》《孟》本文，务求发得其正义，而力戒自立说。而后孔孟儒家大传统，得以奠定。此即是一种经学精神。然在朱子《语孟集注》《学庸章句》中，终不免有许多自立说之处，此乃是一种理学精神。故曰朱子之四书学，乃是绾经学与理学而一之。使经学益臻于邃密，理学益臻于深沉。

朱子年十三四时，即从其父松韦斋获闻二程说《语》《孟》义。至年三十四，成为《论语要义》一书，是为朱子四书学之最先著作。先乃遍求古今诸儒说，合而编之。后则独取二程与其门人朋友数家之说，而曰毋牵于俗学，毋惑于异端，此为朱子独遵二程以求孔孟大义之第一步。

至朱子四十三岁，又成《论孟精义》。此书仍如《论语要义》，独取二程及其朋友门人凡九家之说。惟由《论语》扩及《孟子》，又改要义称精义。然当注意者，朱子至其时，仍只采前人说，不自立意。又于二程门下诸家，谓其浅深疏密毫厘之间，不能无少异于二程。然又谓读《语》《孟》，不可便谓其所收诸家精义都不是，都废了，须借它做阶梯去寻求。此时朱子在大体上，仍是从程门上窥二程，从二程上窥孔孟。惟于程门诸儒，已渐悟其有失师旨。

至朱子四十八岁时，《论孟集注》《或问》成书。此时，朱子已认《精义》中说得没紧要处多，故只约其精粹妙得本旨者为《集注》，又疏其所以去取之意为或问。至是而朱子始自出手眼，尤于二程门下诸家说多所摆弃。

《或问》中于诸家说多有驳正，惟恐使学术风气趋于轻薄，故不以示人，独在其门人间私相传录。但其后《集注》屡有删改，《或问》不及随之不断增修，故遂中止。今于朱子四十八岁后《集注》之不断删改，与其对诸家之续多驳正处，只有读《语类》，尚可窥寻其一二。

前所收之精义，至朱子五十一岁时，又改称为要义。盖至其时，朱子已见所收精义未必精，而仍不要都废了，故又改称要义，乃与其三十四岁时作为《论语要义》时取名要义之意又不同。盖先之称要义，表其重视。后称精义，表其更重视。后又改称要义，则表其不复如称精义时之重视。反复之间，却可表出朱子学识思想之与年而俱进。

今再综述此一番经过，其先为《要义》与《精义》，皆是一依二程为主，而旁及二程之朋友与门人者，最多只九人。嗣为《集注》，乃始自出手眼。其《论孟集注》与其《学庸章句》之最后定稿，征引诸家，自汉以下凡五十余人。专就《论语集注》言，亦有三十余家。较前为《精义》时增出甚多，此是一大转变。又其引诸家，或因其说有病，而加增损改易，非其本文，此已不得专以会集诸家视之。又有同时引两说，因其皆通，故并存之，惟每以列前者为稍胜。又于注下用圈，圈下复有注，则多认为是文外之意，只于正文有发明，或是通论一章意。其价值自不如圈上之注为正式阐明孔孟本旨者之更重要。而所引二程说，亦多列在圈下，此是朱子亦不认二程说为尽得孔孟之本旨与正义也。故朱子又自说：

> 《集注》乃《集义》之精髓。

“集义”乃是“精义”“要义”之最后改名。此时乃既不称“精”，亦不称“要”，只称“集义”，则只是集此诸家之说而已。自有理学，伊洛以来，谈孔孟义之诸家说中，《集注》则为其最后之精髓，此为朱子之自负语。盖至其时，朱子乃始自信能直从孔孟阐孔孟，与以前之必从二程上窥孔孟者有不同。

朱子又曰：

> 某于《论》《孟》，四十余年理会，中间逐字称等，不教偏些子。

此在两汉经学诸家中，似乎亦无人真能如此用心。又曰：

> 某旧时用心甚苦。思量这道理，如遇危木桥子，相去只在毫发之间，才失脚，便失落下去。圣人说一字是一字，自家只平着心去秤停他，都使不得一毫杜撰，只顺他去，如今方见分明。

此乃朱子六十一岁时语。其先是从伊洛诸儒语中求孔孟，至是乃从孔孟自己语中求孔孟，又仔细从一字一字上求，要如在秤上称，不高些，不低些。自说到今时，方略见得道理恁地。但朱子自六十一岁后。《集注》《章句》尚是不断修改。至六十八岁时又说：

> 今年颇觉胜似去年，去年胜些前年。

是年元旦，朱子在其藏书阁下东楹书曰：

> 周敬王四十一年壬戌，孔子卒。至宋庆元三年丁巳，一千

> 六百七十六年。

据此槛书，可以想见朱子当时之心情，上追一千六百七十六年而重见古圣人之大义，此其踌躇满志为何如。而《集注》《章句》，此下仍是不断有修改。但朱子又说：

> 三十年前长进，三十年后长进得不多。

此是朱子六十九岁时语。三十年前，乃是朱子从童蒙初学直到《论语要义》成书，而又转步走向《论孟集注》《学庸章句》路上来。此时立基础，开识见，逐年长进。三十年后，乃是《论孟集注》成书，而一路一字一字称等，不教偏些子，常如在危木桥上行去，一失脚便落下，故谓长进得不多。朱子此条语，或可说在当时，并不专为其四书学言，然四书学乃是朱子毕生学问一主要骨干，以此说朱子此条意，应无大误。朱子先又曾说五十后长进不多，五十后正是《论孟集注》初稿完成后两年，故知此数条主要皆是指此一事言。

朱子又说：

> 某尝说，自孔孟灭后，诸儒不仔细读得圣人之书，只是自说他一副当道理，硬将圣人经旨说从他道理上来。圣贤已死，又不会出来和你争。正如人贩私盐，担私货，须用求得官员一两封书，掩头行引，方敢过场务，偷免税钱。今之学者正是

如此。

此为朱子最晚年语。其时理学风气好自立说，而多错解古人意，朱子譬之如贩私盐汉。其目为《四书集注章句》，则正是要为圣人来争此道理。又说：

《中庸》难说。缘前辈诸公说得多了，其间尽有差舛处，又不欲尽驳难他底，所以难下手。不比《大学》，都未曾有人说。

又曰：

理学最难。可惜许多印行文字，其间无道理底甚多，虽伊洛门人亦不免。

朱子于经学，不欲尽量发疑，恐倒了六经。其于四书学，亦不欲尽量驳难当时诸儒说话，恐使学风转薄，其实亦恐将倒了理学。理学与经学之主要集中点，应在能发明孔门义理。朱子四书学，正是在此一目标上努力。再细论之，朱子于四书，惟于《论语》一书无间然，于《孟子》《学》《庸》三书，亦尚时有所评骘。惟今读其《集注》《章句》，似是只将古人言语重述一过，无已见，无创论，在朱子像是仅作一引渡人，只教人对此四书，一字一句，明得其意义所指而已。然而碎义与大道并呈，圣言与己见交融，苟非细参，实难深解。若更能进而遍读朱子之文集，又先之以《或问》，继之以《语类》，可以见其锱铢必较，毫厘必争，曲折递进之经过。并有同一条注文，二十余年来，屡经修订改易，即今可考，有达于四五次以上者。直至其临卒前三日，尚修改《大学》“诚意”章注，此则为人人皆知之事。

然朱子为《四书集注章句》，虽常戒人要一依本文正义，勿下己意，而朱子本人亦明明多自下己意处。如《论语》“得罪于天，无所祷也”，《集注》“天即理也”四字，明属朱子意，非孔子意，已在前说过。又如《大学》，《格物补传》一百三十四字，朱子自称是窃取程子之意以补之，其实重要处仍是朱子意，非程子意，此亦在前论过。又如《论语》“夫子喟然叹曰吾与点也”一语十字，此在文字上似无难解处，而《集注》花了一百三十七字来解此十字。此非自发己见而何？然朱子为此一百三十七字，几经曲折迂回，大段改动可考者有四次，此外尚有改动一二字一二句者不计。至其费了几许文字言说，散见于《文集》《语类》，来对此十字所涵蕴之义理作发挥，作辨难，更是不计其数。

即就上述三事言，此皆当时理学上重要问题所在。理学兴起，本为复兴儒学，并亦极多新义。而流弊所及，大家竞创新义，不免于孔孟大传统精神时有走失。朱子四书学主要工作，乃在发明孔孟精义，而使理学新说与孔孟精义紧密贯通。其《集注》《章句》中，所包理学新义极丰富。朱子亦屡言，程张所说，有为孟子所未曾道及者。朱子仅求以理学来扩新儒学，却不喜理学于儒学中有走失。所谓扩新与走失，则亦一衡之于义理之至当，非是孔孟所未言，即认之为走失。故朱子之四书学，一面极富传统精神，另一面则又极富创造精神。凡属理学新义之有当于创造性者，朱子亦已尽量纳入其四书《集注》与《章句》中。凡朱子认为于孔孟大传统有走失而无当于创造性者，虽程张所言，亦不阑入。或则仅收于圈外，不列入注之正文。使读者辨别其虽有发明，而非本义。故其《集注》与《章句》，实乃朱子自出手眼，确然成为一家之言，纵谓皆是朱子之自出己意，亦无不可。惟朱子自认其一家言，于孔孟大传统有创新，无走失，如是而已。若使后人能继续获有创新，则朱子四书《集注》与《章句》，自亦可谓其中尚未一一尽臻于定论。即如上述吾与点也一百三十七字长注，其实是朱子受了明道影响摆脱未尽，后来黄震东发另作一说，始为获得了孔子当时之真意。若使朱子复起，亦将承认。

二十八　朱子之史学

以上略述朱子之四书学，此下当续述朱子之史学。

朱子之学，重在内外合一，本末兼尽，精粗俱举，体用皆备。就某一意义言，则史学属于外末，只及人事粗处用处。若不先在义理之大本大体上用功，而仅注意于史学，此为朱子所不许。然在理学家中，能精熟史学者，实惟朱子一人。不惟他人无可望其项背，即求其肯在史学上真实用心者，亦不多见。

言史学，当分著史、论史、考史三项。朱子于此，皆所留心。其所为《通鉴纲目》，实亦是一番精心结撰之作，惜其未有成书。其他如《八朝名臣言行录》《伊洛渊源录》《伊川年谱》等，皆是朱子在著史方面小试其技，然亦开出后人写史许多法门。

朱子在论史上，尤其特多创见。大体言之，朱子论史，可分为论治道，论心术，论人才，论世风之四者。此皆在历史上有莫大关系。其论治道，则曰：

> 论学便要明理，论治便要识体。

此所谓体，即是一大格局。朱子于历代制度，无不精究。如论官制，论取士，论财政，论兵制，论刑法，论其他一切民事，无不委悉详备。而尤极注意于历代之因革。朱子认为法无不弊，弊则当变，故不主张法古而主张变法。

> 问：孔子监前代而损益之，及其终也，能无弊否？曰：恶能无弊。

即如秦之变周，朱子亦谓有事势之必变，亦是事势合到这里。虽说秦变得过了，但亦寄予以同情。但朱子又谓：

> 秦法尽是尊君卑臣之事，所以后世不肯变。

有变而不得其道者，有怀挟私心而不肯变者，亦有不知变者。尤其不肯变，则是病在心术上。朱子又极论宋代建官之弊，曰：

> 此须大有为后痛更革之。若但宰相有志，亦不能办，必得刚健大有为之君，须是刚明智勇出人意表之君，方能立天下

之事。

此即在今日民主政体下，若非有刚明智勇大有为之政治领袖，仍将不足以立事。而刚明二字，实更为难得。故朱子论治道，则必进而论心术。有与陈亮龙川辨义利双行、王霸并用之说诸长函，最为朱子论史卓识所在。朱子认为汉唐开国，一切皆本之私意，而曰：

汉高祖私意分数少，唐太宗一切假仁借义以行其私。

朱子称心术为本领，有曰：

本领全在无所系累处。有许大本领，则制度点化出来，都成好物。故在圣人则为事业。众人没那本领，虽尽得他礼乐制度，亦只如小屋收藏器贝，窒塞都满，运转都不得。

陈龙川只知事求可，功求成，但若不见道义，只论功利，本领错了，终亦无事业可言。朱子此番意见，直至清初黄梨洲《明夷待访录》中《原君》《原臣》《原法》诸篇，始为之重加阐发，此可谓是理学家观点在历史学政治学上之最大贡献。

论心术，亦不在专论君主。朱子又言：

今世有二弊，法弊时弊。法弊但一切更改之，却甚易。时弊则皆在人。人皆以私心为之，如何变得？嘉祐间法，可谓弊矣，王荆公未几尽变之，又别起得许多弊，以人难变故也。

法弊易变，时弊在人。人之难变，以其心术本领之不易变，如此则仍须回复到理学家所讲之义理。

朱子从其论治道，论心术，而推及于论人才与世风，大本则一，不再详引。惟朱子皆是根据历史情实而加以评述，后世惟王船山《读通鉴论》，近似此一意味。

朱子又曰：

> 读史当观大伦理，大机会，大治乱得失。
>
> 将孔子置在一壁，却将左氏司马迁驳杂之文钻研推尊，谓这个是盛衰之由，这个是成败之端，说甚盛衰兴亡治乱，直是自欺。

孔子之道，即是人道大伦理所在。搁置了此大伦理，来谈盛衰兴亡治乱，只知得有此事，不知此事背后之所以然之理，则到头只成得自欺。朱子又曰：

> 只管去考制度，却都不曾理会个根本，一旦临利害，却都不济事。

每一事之背后必有理，同时又必有人，须理到人到而后事始到。故变法必待要变人，救时必待要救人，此亦是个根本，朱子理学史学之通贯合一处在此。又曰：

> 圣人固视天下无不可为之时，然势不到他做，亦做不得。
>
> 会做事底人，必先度事势，有必可做之理，方去做。

此处说到势字，亦为治史应世者所必当注意一要项。理无不可为，而势有不可为。明得势，乃能识机会。此虽孔孟亦无如何。又曰：

> 看前古治乱，那里是一时做得？少是四五十年，多是一二百年酝酿，方得如此。遂俯首太息。

势非一时做得，乃由积久酝酿。朱子又曰：

> 今为天下，有一日不可缓者，有渐正之者。一日不可缓者，兴起之事也。渐正之者，维持之事也。

朱子值南宋偏安之世，其生年正金兵陷临安北还之年，其卒年下距元兵入临安七十六年。生平于当时立国兵财大计，筹谋甚熟，尤于复仇北上之机会，揆度审的。谓秦桧死，高宗内禅，乃二大有为之机会。又言金亮之乱，乃一扫而复中原一大机会。又曰：

> 凡事要及早乘势做，才放冷了，便做不得。
>
> 天下万事有大根本，而每事之中又各有要切处。所谓大根

本，固无出于人主之心术。所谓要切处，则必大本既立，然后可推而见。若徒言正心，而不足以识事物之要，或精穷事情，而特昧夫根本之归，则是腐儒迂阔之论，俗士功利之谈，皆不足与论当世之务。

恢复之计，须是自家吃得些辛苦，少做十年或二十年，多做三十年，岂有安坐无事而大功自致之理。

今朝廷之议，不是战，便是和，不战便和，不知古人不战不和之间，亦有个硬相守底道理，却一面自作措置。今五六十年间，只以和为可靠，兵又不曾练得，财又不曾蓄得，说恢复底都是乱说。

凡朱子指陈当时形势，规划兵财大计，不作高论，不落虚谈，坐而言，皆可起而行，其一切见解，多从史学中来。惜其一生出仕时少，居家时多，其仕亦在州郡。身居朝廷，不到百日。凡其所言，虽皆指陈精要，恰中机宜，然亦迄未见用。至谓兴起之事不可一日缓，维持之事只有渐正之，此乃最切实之言。故其毕生惟以讲学为急，其论时事，则除明快把捉恢复时机外，在时势不符，机会不到中，仍亦一一有其维持渐正之方。史学理学会合使用，此在千古大儒中，实亦难其匹俦。后人乃谓伊洛无救于靖康之难，朱子无救于南宋之亡，则孔子亦何补于春秋，孟子又何补于战国。正为不治史学，乃为此孟浪之谈。

朱子于著史论史外，尤长于考史。自谓：

> 考证又是一种工夫，所得无几，而费力不少，向来偶自好之，固是一病，然亦不可谓无助。

朱子考证工夫，多用在史学上，而又博及古今。考天文，考历法，考地理，考水道，考形势，考风土习俗，考阵法，考弓马，考衣冠制度，考声律，考花草，考鱼鸟，而最多则在考史事。其考古史，较其所得，亦远超于后人之毕生从事，如清儒崔述东壁《考信录》之类。其于近代史，考论愈详。如论荆公变法，新旧党争，皆经细核，不涉空言。即如其于濂溪，不仅阐述其思想，复详考其生平行事著作，使后人重知濂溪其人其事。朱子考证工夫，诚亦不可谓其非卓越于古今。

二十九　朱子之文学

以上略述朱子之史学，以下当续述朱子之文学。

理学家于文学，似乎最所忽视。濂溪有“文以载道”之论，其意重道不重文。惟朱子文道并重，并能自为载道之文。尝曰：

> 欧阳子知政事礼乐之不可不出于一，而未知道德文章之尤不可使出于二。有是实于中，则必有是文于外。盖不必托于言语，著于简册，而后谓之文。《易》之卦画，《诗》之咏歌，《书》之记言，《春秋》之述事，与夫《礼》之威仪，《乐》之节奏，皆已列为六经，而垂万世。其文之盛，后世固莫能及。

此乃言广义之文学，以经学文学贯通合一言之，而理学精神亦自包孕在内。朱子论学重博通，重一贯，故能言及于此。又曰：

> 韩愈氏慨然欲追诗书六艺之作，然略知不根无实之不足恃，而其论古人，则又以屈原、孟轲、司马迁、相如、扬雄为一等，而不及于贾、董。其论当世之弊，则但以词不己出，而遂有神徂圣伏之叹。

此见朱子论文，别有一标准。司马相如扬雄辞赋家言，不得与屈原孟子并列。贾谊董仲舒，则不当摈之在文外。至于词必己出，不得悬为文章之能事。朱子论文，推而通之既欲极其广，分而别之又必极其严。凡朱子论学皆如此，论文亦其一端。

朱子既揭文道合一之论，以文学通之于经学。又进一步以文学通之于史学。谓：

> 有治世之文，有衰世之文，有乱世之文。六经，治世之文也。如《国语》，委靡繁絮，真衰世之文耳。至于乱世之文，则《战国》是也。然有英伟气，非衰世《国语》之文之比。楚汉间文字，真是奇伟，岂易及。

既曰文道一致，则文章自可通之于世运。而朱子重视乱世之文尤过于衰世之文，谓战国乱世之文有英伟气，非《国语》衰世文可比，则又是一项高明特达之见，非深于文者不能知，尤非深于史者不能知，更非深于道者不能知。又曰：

> 大率文章盛则国家却衰，如唐贞观开元都无文章，及韩昌黎柳河东以文显，而唐之治已不如前。
>
> 国初文章，皆严重老成。尝观嘉祐以前诰词等，言语有甚拙者，而其人才，皆是当世有名之士。盖其文虽拙，而其辞谨重，有欲工而不能之意，所以风俗淳厚。至欧公文字，好底便十分好，然犹有甚拙底，未散得他和气。到东坡文字，便已驰骋忒巧了。及宣政间，则穷极华丽，都散了和气。所以圣人取先进于礼乐，意思自是如此。

此更以文章觇世运，而阐入幽微。其论文，宁拙毋巧，宁重毋薄，皆与理学相通。

> 因说科举所取文字，多是轻浮，不明白着实。因叹息云：最可忧者，不是说秀才做文字不好，这事大关世变。东晋之末，其文一切含胡，是非都没理会。因论某人言，曾于某处见虏中赋，气脉厚。先生曰：那处是气象大了，说得出来自是如此，不是那边人会。

此处从当时南北双方科举文字推论及于文风世运，更涉深微。此间秀才文字轻薄，可见风气已坏。非是秀才做文字不好，乃是秀才做人先不好，此大堪忧。那边人作赋气脉厚，此乃北方中原地理背景使然。而宋金双方国运消长，亦由此可推。

朱子亦多就文论文语，所论率多着眼于文章之神理气味。理学注重人格修养，一文之神理气味，即是此文之文格表现，亦即是此文作者心智修养之表现。故曰：

贯串百氏及经史，乃所以辨验是非，明此义理。岂特欲使文词不陋而已。义理既明，又能力行不倦，则其存诸中者必也光明四达，何施不可。发而为言，以宣其心志，当自发越不凡，可爱可传。

其论西汉有曰：

董仲舒文字平正，只是困善，无精彩。匡衡刘向诸人文字皆善弱，无气焰。司马迁文雄健，意思不帖帖，有战国文气象。贾生文字雄豪可喜，只是逞快，下字时有不稳处。

武帝以前文雄健，武帝以后便实，到杜钦、谷永，又太弱无归宿了。

朱子以理学大师而于仲舒、匡、刘、杜、谷儒者之文皆致不满。又论仲舒文尚在司马相如扬雄之上。此等处，皆见朱子论文学之独具只眼处。其论宋文则曰：

东坡文字明快，老苏文雄浑，尽有好处。

从理学立场论，朱子极不喜苏氏父子。就文论文，则加赞许。又曰：

> 李泰伯文实得之经中，虽浅，然皆自大处起议论，文字气象大段好，甚使人爱之。亦可见其时节方兴。老苏父子自史中《战国策》得之，故皆自小处起议论，欧公喜之。李不软贴，不为所喜。又曰：以李视今日之文，如三日新妇，然某人辈文字，乃蛇鼠之见。

此节尤见朱子论文之独具只眼处。其指导人学文，则曰：

> 人要会作文章，须取一部西汉文，与韩文、欧阳文、南丰文。韩文高，欧阳文可学，曾文一字换一字，甚严，然太迫。

朱子学文自南丰入，然其评曾文，又能深中其病。即就文学一端言，亦可见其为学之博通与深至，严正而无阿。

朱子论诗，则谓古今有三大变。

> 自虞夏以来，下及魏晋为一等。晋宋间颜谢以后下及唐初为一等。沈宋以后，定著律诗，下及今日，又为一等。唐初以前，为诗固有高下，而法犹未变。至律诗出，而后诗之与法始皆大变。

此在朱子心中，共所理想之诗，亦自有一标格。而以文学史观点通论古今，衡评其于此标格之离合远近而定其高下，此其意境之远卓，亦决非仅仅模拟以为诗者之所知。尝谓：

欲抄取经史诸书所载韵语，下及《文选》汉魏古词，以尽乎郭景纯陶渊明之所作，自为一编，而附于《三百篇》《楚辞》之后，以为诗之根本准则。又于其下二等之中，择其近于古者各为一编，以为之羽翼舆卫。然顾为学之要有急于此者，亦复自知材力短弱，决不能追古人而与之并，遂悉弃去不能复为。

朱子之终未为此，亦当为诗学发展上一大可惜之事。

朱子又谓：

古人之诗，本岂有意于平淡。但对今之狂怪雕锼，神头鬼面，则见其平。对今之肥腻腥臊，酸咸苦涩，则见其淡。自有诗之初以及魏晋，作者非一，而其高者无不出此。

又曰：

尝以为天下万事皆有一定之法，学之者须循序而渐进。如学诗，则且当以此等为法。向后若能成就变化，固未易量，然变亦大是难事。李杜韩柳，初亦皆学选诗。然杜韩变多而柳李变少。变不可学，而不变可学。故自其变者而学之，不若自其不变者而学之。学者其毋惑于不烦绳削之说而轻为放肆以自欺也。

朱子论诗主平淡。论学诗，则谓不变可学，而变则不可学。此皆极可珍贵之至论。至于谓可以不烦绳削，而提倡自由抒写之说，则为朱子所反对。而朱子自为诗，则脱胎选体，于宋诗中独为突出。理学家中能诗者，北宋有康节，明代有陈宪章白沙，较之朱子诗之渊雅醇懿，殆皆不如。

朱子于文学，生平有三大著作。一在中年，为《诗集传》，已略述于经学篇。又二为《韩文考异》与《楚辞集注》，皆在晚年。《韩文考异》校勘精密，识解明通，不仅为校勘学开出无穷法门，而凡所断制，实多有仅知从事校勘者所莫能窥其高深之所在。盖自有《考异》，而《韩集》遂有定本可读，后人亦卒莫能超其上。《楚辞集注》亦为治《楚辞》者一必读书。此乃朱子晚年最后完成之一部著作。在其易箦前三日，改《大学》“诚意”章，又修《楚辞》一段。其改“诚意”章，人人知之，而朱子一生最后绝笔，实为其修《楚辞》一段，此则后人少所述及，尤当大书特书，标而出之，以释后人群认为理学家则必轻文学之积疑。

三十　朱子之杂学

以上略述朱子之文学，此下当续述朱子之杂学。

当时理学家风气，为学务求一出于正，于旁杂之学皆欲删薙。即文史之学，亦尚以旁杂视之。学术影响于生活，故理学家常不免有拘束枯燥之嫌，其途严而窄。朱子力主博通，又其兴趣横逸，格物穷理，范围无所不包，故其学似不免出于杂。今当续述朱子之杂学，分作游艺与格物两项，先述其游艺之学之一面。

《论语》有曰：志于道，据于德，依于仁，游于艺。孔子亲以礼乐射御书数六艺设教，惟后世六艺几皆废，朱子于《论语》此条颇极重视。《集注》说之曰：

> 游者，玩物适情之谓。艺，皆至理所寓，日用之不可阙。

朝夕游焉以博其义理之趣，则应务有余，而心亦无所放。

游艺则小物不遗，而动息有养。学者不失其先后之序，轻重之伦，则本末兼赅，内外交养，日用之间无少间隙，涵泳从容，忽不自知其入于圣贤之域。

程门戒玩物，无事且教静坐。朱子此番意见，显已从二程转手。同时陈龙川深讥之，谓：

张敬夫吕伯恭于天下义理，自谓极其精微，于物情无所不致其尽，而于阴阳卜筮，书画技术，及凡世间可动心娱目之事，皆斥去弗顾。朱元晦论古圣贤之用心，平易简直，直欲尽摆后世讲师相授，世俗相传，以径趋圣贤心地。抱大不满于秦汉以来诸君子，而于阴阳卜筮、书画技术皆存而好之，岂悦物而不留于物者固若此乎。

实则朱子所不满于秦汉以来之儒者，为其穷理之未精。其留心于诸艺，乃为其亦皆有理寓焉，于格物穷理之中，固不妨有玩物适情之趣。正为当时理学家都于此忽视，龙川乃以子之矛攻子之盾，而朱子之在当时理学界风气中，别具见解，别创风格，此意乃不为龙川所识。

朱子在三十三岁时自言，二十年来，与黄子衡为东西邻，朝夕聚而语，六经百氏之奥，立身行事之方，与夫当世之得失，无不讲以求其至。而及乎文章之趣，字画技艺之工否者皆其余。是游艺之学，正是朱子一种余兴，自青年以至于中年，即已寄好于此。又曰：

> 此虽余事，亦见游艺之不苟。

余事不苟，亦正是一种养心之道。

朱子深好书法，早年乃学曹操，晚年乃喜荆公。自谓其父自少好学荆公书。或尝论之，以其学道于河洛，学文于元祐，而学书于荆公为不可晓。朱子题荆公某帖，谓：

> 爱其纸尾三行，语气凌厉，笔势低昂，尚有以见其跨越古今，斡旋宇宙之意。

此皆一种艺术上欣赏心情之流露。然朱子又谓：

> 张敬夫尝言，平生所见王荆公书，皆如大忙中写，不知公安得有如许忙事。此虽戏言，然实切中其病。平日见得韩公书迹，虽与亲戚卑幼，亦皆端严谨重。盖其胸中安静详密，雍容和豫，故无顷刻忙时，亦无纤芥忙意。与荆公之躁扰急迫正相反。书札小事，而于人之德性，其相关有如此。

可见艺术欣赏之与道德修养，亦不妨有时分歧别出，但最后终贵能会归而一致。朱子评书法，亦一如其评文章，皆从文艺表现而直透到心术精微，而其襟怀之宽宏，与其趣味之肫挚，其风度高卓，虽属小节，亦可见其德性修养之所至，足供后人无限之仰慕。其他品评历代名家书法，皆可谓从道艺合一论之立脚点出发。

朱子于书法外，亦好绘事，并亦自能作画。在其卒前两三月内，因一乡人新作一亭，欲画东汉晚年陈寔荀淑相会事。朱子为之计划如何绘出其事首尾于一静的画面上，而又一一为之考究其车服制度，想象其人物风采，博访周谘，并觅画手，又为画屏作赞，为画工作赠序，为其晚年文字作最后殿军。其余事不苟有如是，其文采风流又如是。

朱子又好琴，并精乐律。蔡季通游其门，精数学，朱子以老友视之。尝有两书答季通论琴，谓：

> 大抵世间万事，其间义理精妙无穷，皆未易以一言断其始终。须看得玲珑透脱，不相妨碍，方是物格之验。

及季通以伪学禁赴贬所，朱子与书曰：

> 律书法度甚精，近世诸儒皆莫能及。但吹律未谐，归来更须细寻讨。

季通能言琴理，而不能琴，朱子每以为憾。而甚推其《律吕新书》。然犹憾其吹律未谐，欲其自贬所归后再寻讨，而季通终卒于贬所。此皆属朱子晚年事。以一理学大师，当拂逆困境，犹潜心此等专家绝业，洵非常情所能测。

朱子又能言医事与药物。有《送夏医序》，谓：

> 尝病世之论者，以为天下之事，宜于今不必根于古，谐于俗不必本于经。夏君之医，处方用药，奇怪绝出，有若不近人情，而其卒多验。问其所以然，则皆据经考古而未尝无所自。

又论关脉定位，谓世传《叔和脉诀》，非叔和本书，然似得《难经》本指，而不取郭长阳书中密排三指之法。则朱子于医书亦所用心。朱子又尝告其朋旧，无事时不妨看药方，可知得养生之理。

> 问陆宣公既贬被谤，阖户不著书，只为古今集验方。曰：岂无圣经贤传可以玩索，终不成和这个也不得理会。

是朱子讲游艺之学，仍重辨先后，论轻重。必是问者失此指，故朱子以此答之。

朱子又能言静坐养生之术，常与蔡季通讨论及于《参同契》。及季通贬，朱子送行，尚以《参同契》为言。后乃自为此书作注，题曰“空同道士邹䜣”，其不犹常情处如此。此亦为后人所讥，然朱子理学，乃别有其一番境界，实为后人所不知。

龙川又言朱子好阴阳卜筮，言阴阳乃为言宇宙问题一大节目，言卜筮则以旁通于治《易》。朱子又尝言相人术，言地理书。以一旷代大儒，而于世间方伎杂术百家小书，虽不轻信苟从，亦不一切鄙斥。盖理学家言理，每偏于严而窄，朱子则主和而通。然苟非有如朱子心力之磅礴，兴趣之横溢，则其事实难，无怪象山以支离讥之。今若把朱子全部学术只当作一件艺术看，亦可为后人留无穷欣赏之余地。

以上略述朱子杂学中之游艺学，此下当续述朱子杂学中之格物学。

朱子论格物，已专章略述。其涵意甚广，上自宇宙，下至人生，靡所不包。亦可谓朱子全部学术，即是其格物穷理之学。惟今人言格物，则专指自然科学，与朱子之注重人生界更远过其注重宇宙界者不同。故朱子言格物，不得谓其是一自然科学家，然朱子于自然科学方面亦有贡献。以朱子观察力之敏锐，与其想象力之活泼，其于自然科学界之发现，在人类科学史上，亦有其遥遥领先，超出诸人者。论朱子之时代，尚远在近代自然科学发生以前数百年，当时中国学术界，留心此方面者并不多，而专门分科之业亦尚不受人重视。朱子以理学大儒，而其科学发现亦复如此之卓越，诚当大书特书而标出之。

朱子科学上发现之最值提起者，为其因化石而推论及于地质演变之一端。其言曰：

> 常见高山有螺蚌壳，或生石中，此石即旧日之土，螺、蚌即水中之物。下者变而为高，柔者变而为刚，此事思之至深，有可验者。
>
> 今高山上多有石上蛎壳之类，蛎须生于泥沙中，今乃在石

上。天地变迁，何常之有。山河大地初生时，尚须软在。

天地始初，混沌未分时，想只有水火二者。水之滓脚便成地。今登高而望，群山皆为波浪之状，便是水泛如此。只不知因什么时凝了。初间极软，后来凝结得硬。

以上乃由见高山上化石而推论及于地层变化，与此后西方科学上之发明，义无二致。朱子又曰：

天地初间，只是阴阳之气。这一个气运行，磨来磨去，磨得急了，便拶出许多渣滓，里面无处出，便结成个地在中央。日月星辰只在外，常周环运转。地在中央不动，不是在下。天运不息，昼夜辊转，故地推在中间。使天有一息之停，则地须陷下。

造化之运如磨，上面常转而不止。万物之生，似磨中撒出，有粗有细，自是不齐。如人以两碗相合，贮水于内，以手常常掉开，则水在内不出。稍住手，则水漏。天四方上下都周匝无空阙，逼塞满皆是天。地之四向，底下却靠着那天。天包地，其气无不通。恁地看来，浑只是天。

此由地质推论到天文。以近代科学家言绳之，朱子所言固属粗疏，然亦有失有得，其想象力之伟大，诚属可惊。又曰：

天运于外，地随而转。今坐于此，但知地之不动，安知天运于外，而地不随之以转耶。

朱子先认地在天中，后又认地亦随天而转，此皆在朱子之晚年。随时思索，递有推进。又有星不贴天之说，独于古人积见持异议。

问：康节论六合之外，恐无外否？曰：理无内外，六合之形须有内外。历家算气，只算得日月星辰运行处，上去更算不得。安得是无内外。

此又说历法有限，而推论到六合之外去。又曰：

天只是一个大底物，须是大著心肠看它始得。以天运言之，一日固是转一匝。然又有大转底时候，不可如此偏滞求。

朱子既言地在天中，又言天在日月星辰之外，历家只算得日月星辰之小运行，此外尚有大运行。此等想法，皆前人所未及。朱子乃玩索邵康节之渔樵对问而推说及此。大抵朱子言宇宙，皆因濂溪、横渠、康节说而益加推进。伊川怀疑康节六合无外之说，朱子不之取。

朱子又曰：

天地之初，如何讨得人种，自是气蒸结成。似今人身上虱，是自然变化出来。

此乃讨论到物种原始。因此又历引释氏及道家言。又如论：

月体常圆无阙，但常受日光为明。月中是地影。古今人皆言月有阙，惟沈存中云无阙。

此又见朱子之博及群书，而善加采择。沈氏为人，为当时理学家所轻，朱子独重其书。亦如伊川为当时理学家所重，而朱子独非其说。又如谓：

气蒸而为雨，如饭甑盖之，其气蒸郁，而汗下淋漓。气蒸而为雾，如饭甑不盖，其气散而不收。

此其随事穷格之精神与其观察力之明锐皆可见。

朱子于自然物理，极富兴趣，虽微末小节，亦所不忽。但必一一证之于实验，否则不加轻信。尝闻人言：

昔有道人云：笋生可以观夜气，尝插竿以记之，自早至暮，长不分寸，晓而视之，已数寸矣。后在玉山僧舍验之，则日夜俱长，良不如道人之说。

此事与阳明格庭前竹子，正可相映成趣。朱子言格物，必先有一问题存在，乃从此问题循而探讨，故曰因“其已知之理而益穷之”。

如闻一道人言，僧舍偶闲，乃验笋之生长。此亦所谓玩物适情，朱子之格物学乃与其游艺学相通合一。而朱子之博学多通，旷古无匹，亦可由此等处窥见其所以然之消息。

三十一　朱子学之流衍

以上略述朱子之杂学，即游艺与格物之学。至是而朱子学术之大体，已约略分述。此下当再略述朱子学之流衍。

朱子生时，四方学者响附云集。及其身后，其学流衍益广。所著书，如《四书集注章句》及《诗》《易》两种，元明清三代皆悬之功令，定为取士标准，凡应举者皆所必读。其学影响后世之深且大，可勿论。但朱子之学，既广博无涯涘，又其所追求向往之最后目标，更为高远。毕生常在孜孜兀兀中向前不辍，学者旅进旅退，虽曰亲炙，或相从岁月不久。朱子之卒，其弟子著者，如黄干直卿，辅广汉卿，陈淳安卿，陈埴器之，李燔敬子，张洽元德，廖德明子晦，李方子公晦，蔡沈仲默，皆能确守师承。然而传述发明已不易，充实光大事更难。而宋室日替，以至于覆灭，朱门再传，如魏了翁鹤山，真德秀西山，其卒皆距宋亡不远。至如黄震东发，王应麟伯厚，乃朱门三传，均已老死于宋亡之后。文天祥文山，则以身殉国。是则朱学之不获大昌于后，实与国运世运互为因果，较之孔子身后，殆是更为不幸。

元之所以为元，则尚幸有诸儒，或在朝，或在野，牵补弥缝其间。其著者，许衡鲁斋在朝，刘因静修在野，皆朱学也。而吴澄草庐，最为一时魁杰。其《五经纂言》，有功经术，论者谓其接武建阳。然其时已有和会朱陆之说，草庐亦言之曰：问学不本于德性，其蔽必偏于语言训释之末。盖其时朱子书已成为猎取功名之途，故草庐特提尊德性与道问学之辨。然草庐言道统则曰：近古之统，周子其元，程张其亨，朱子其利，孰为今日之贞乎？斯其所自任可知，而其终奉朱子为传统之正亦可知。

明祖开国，华夏重光，而儒运则熸。方孝孺正学之死，元气抑遏殆尽。此下明代理学，乃是一不绝如缕之局面。直俟陈献章白沙、王守仁阳明先后迭起，而后理学大振。然白沙微近北宋之康节，阳明出而朱陆异同之公案复炽。王学昌行，朱学消沉，至东林始有由王返朱之意向。然东林仅从王学角度窥朱学，亦未能触及朱子学之大体系。明代朱学流衍，惟罗钦顺整庵一家，所得较深。

晚明三大儒，顾炎武亭林，始自东发、厚斋上窥朱子，著为《日知录》，上篇经术，中篇治道，下篇博闻，俨然朱子学之矩矱。然曰：理学之名，自宋人始有之，古之所谓理学者，经学也。其意乃欲以古人经学替出宋明理学，终是于朱子精神有距离。黄宗羲梨洲，则欲以经史实学来变讲堂锢习。讲堂锢习，正是明末王学积弊，而经史实学，则理学家中惟朱子一脉有其传。梨洲有曰：

> 读书不多，无以证斯理之变化，多而不求于心，则为俗学。

斯言颇近朱子。惟梨洲自负为王学传统，于此乃不自知。其时最能发挥两宋理学周张程朱之传统者，为王夫之船山。船山能精思，务博学，于庄老释氏书皆所深研，其为学规模极似朱子，而船山之最后宗主则为横渠。又有陆世仪桴亭，著《思辨录》，调和朱王，而吕用晦晚村，原本朱子四书义，宣扬民族精神，罹身后极祸。盖其时正是学术将变，群言竞兴，而尚未有定向。乃亦有专意攻击朱子者，南北各一人。在北方为颜元习斋，在南方为毛奇龄大可。

习斋驳斥朱子，并驳斥及于宋明理学之全部。力言礼乐事物，而不治经史，笃古而不通今。大可则自居为阳明学，著有《四书改错》一书，分三十二门四百五十一条，历辨朱子四书注，几于无一条不错，谓聚九州四海之铁铸不成此错。而阎若璩百诗则谓：天不生宋儒，仲尼如长夜，朱文公三代下孔子。清初学术界，多彩多姿，异说蜂起，精神壮阔，依稀使人重睹先秦与北宋之遗风。

清廷于其时乃一意提倡宋学，并特尊朱子。康熙五十一年，升朱子配享孔庙，续修《朱子全书》，又御纂《性理精义》。雍正二年，特以其时专治朱子学者陆陇其稼书从祀两庑。朝廷刻意崇扬于上，而学术界乃肆力反对于下。惠栋定宇专尊汉学，方朱子配享孔庙之年，乃一十六岁青年，专反宋学与朱子之戴震东原，于陆稼书从祀两庑时方两岁，而纪昀晓岚适一岁。逮此诸人年长成学，而一时风气大变，成为清代乾嘉盛世汉儒经学独行之时代。

定宇一家，三世传经，其父士奇天牧，尝手书楹帖云：六经尊服郑，百行法程朱。是尊汉犹不反宋。及定宇则曰：宋儒之祸，甚于秦灰。风气激变，即在惠氏一家父子之间而可见。东原初从学于江永慎修，慎修极尊朱子，承朱子之《仪礼经传通解》而为《礼书纲目》，自谓欲卒成朱子之志。又为《近思录集注》，自谓幸生朱子之乡，取其遗编，辑而释之，或亦先儒之志。东原自述其学本之慎修，然其为《孟子字义疏证》，则谓程朱以意见为理而祸天下。是则风气激变，即在江戴二人师弟子之间而亦可见。

然而此一风气，其来也骤，其去亦忽。江藩郑堂得师传于惠氏，作为《汉学师承记》，初不列梨洲、亭林，谓两家之学，皆深入宋儒之室，但以汉学为不可废，多骑墙之见，依违之言，非真知灼见者。其友非之，谓两人实启国朝经学，今为拘牵之论，何所见之不广，乃补写黄顾两人于《师承记》之末。又于其后特为《宋学渊源记》，于清初诸臣自号述朱，获朝廷宠眷，显贵一时者皆不列。陆稼书特邀从祀之典，亦不列。即王懋竑白田，以毕生精力为《朱子年谱》一书，考据极精审，因其尊朱，亦不列。其书所列，或处下位，或伏田间，声闻不广，姓氏将湮，殆多无足轻重。江氏此书，固不足重，而其风之变则可见。

阮元芸台，乃东原私淑，一意尊汉排宋。然其晚年在粤，推誉陈建清澜《学蔀通辨》，谓其学博识高，为三百年来之崇议。又谓朱子中年讲理，固已精实，晚年讲礼，尤耐繁难。东原《孟子字义疏证》，江郑堂《国朝经师经义目录》有其书，而阮纂《清经解》顾不收，此其意态之变亦可知。

又汪中容甫好诋宋儒，其子喜、孙孟慈，乃谓皆出凌廷堪次仲之所诬谰。至如章学诚实斋，谓东原戒人以凿空言理，其学实自朱子，而丑贬朱子，斥其谬妄。方东树植之，在阮芸台幕中著为《汉学商兑》，谓当时诸儒于诸经注疏实未尝详玩，客气好事，矫异矜名。非惟不能入宋儒之室，亦断未能若唐贤之真实。其后陈澧兰甫，乃力主教人读注疏，著为《东塾读书记》十五卷，特立朱子一卷。谓：朱子自读注疏，教人读注疏，而深讥不读注疏者。谓：昔时讲学者多不读注疏，近时读注疏者乃反訾朱子，皆未知朱子之学。又曰：

> 朱子好考证之学，而又极言考证之病。读书玩理与考证，自是两种工夫，朱子立大规模，故能兼之。学者不能兼，则不若专意于其近者。

近者即指宋学义理。陈氏为学，乃有闻于阮氏在粤之风教而起。然而其变则速于置邮而传命。故所谓乾嘉经学，亦仅止于乾嘉一时而止。道咸以下，其亡其亡，系于苞桑，风气已变，早不是乾嘉。

在乾嘉时，竖立汉宋壁垒，深斥宋儒，亦由有激而起。其上则激于清廷之尊朱，其下则激于媚清以求显达者，群奉朱子为正学而严斥陆王。清廷屡兴文字大狱，实使在野学者深抱反抗心理，不得已而于故纸堆中争意气。惟激而过偏，人心易倦。惜未有大儒继起，使其变而一归于正。继此乃有主张变法之公羊学兴起，此亦有激而来。而今古文之争，遂使清儒经学随清政权而俱亡。民国以来，读书博古之风已息，言学者仅知有清儒，于清儒中仅知有乾嘉，于乾嘉学中仅知有考据。乾嘉以前如梨洲、亭林，乾嘉以后如实斋、兰甫，其学之通博，已皆不能深知。又不喜言义理思想，其意若谓义理思想尽在西方，故仅求以乾嘉考据来重新估定传统上一切价值。侈言先秦诸子，亦借以为蹈瑕抵隙之助。孔子尚务求打倒，更何论于程朱？而朱子博通之学，其规模之大，条理之密，亦更不易为近代学人所了解。

三十二　研究朱子学之方法

以上略述朱子学之流衍，以下当再略述研究朱子学之方法，以终斯篇。

朱子读书多，著书多，所著书中所牵涉之问题多，此三多，为古今诸儒所莫逮。故治朱子学而求能尽其条理，得其会通，事大不易。今言研究朱子学之方法，则莫如即依朱子所以教人读书为学之方，以读朱子之书，求朱子之学。

朱子教人读书，必以熟读其人之本书正文为主。如读《论语》，古今说《论语》者何限，而读《论语》者，自必以《论语》本书正文为主。其他诸说，则仅能作参考，不能作正主。至于舍却本书正文，不务参考旁求，而仅主自创己见，其事乃更为朱子所力戒。朱子距今八百年，衡评及于朱子之学者，何止数百家。或尊或斥，其间相去，有如霄壤。今于此数百家异说之外，更创一说，亦不因而见多。默尔而息，不再创说，亦不因而见少。若欲求明朱子学之真相，则莫如返求之朱子之书。多所涉猎于述朱诤朱之间，而于朱子本人之书不精不熟，势将泛滥而无归，亦如治丝之益棼。

朱子书，可分为两大类。一为其著述书，最为后世传诵者，如《四书集注章句》《易本义》《诗集传》《近思录》之类。又一为其《文集》与《语类》，《文集》一百卷，又续集再续集各二十卷。《语类》亦一百四十卷。此两百八十卷书，后人能首尾循览终卷者殊不多。然若专读其著述书，而不读其《文集》与《语类》，则如朱子教人常云：吃馒头仅撮一尖，终不得馒头之真味。本人为《朱子新学案》，于其《文集》《语类》两百八十卷书，逐篇逐条均经细读，乃见朱子著述各书，其精义所在，其余义所及，多为只读各书所未易寻索者。又见朱子为学之会通处，有在其各种著述之上之外者。乃知不读《文集》《语类》，即无以通朱子之学。

除理学家外，率多鄙视语录。一则谓此体袭自禅宗，一则谓既非语者亲笔，录者容有误记。即在理学家中如二程，常戒来学者勿只重听说话。在其门人中，亦有疑他人记录有误，不加重视者。然朱子则极不以为然。朱子深究二程之学，即从语录参入。固亦有疑其门人误记处。然苟无语录，试问二程之学，又将于何处窥寻。

朱子之殁，其门人竞出平日所记加以刊布，黄干直卿序之曰：

记录之语，未必尽得师传之本旨。而更相传写，又多失其本真。甚或辄自删改，杂乱讹舛，几不可读。

然又曰：

先生之著书多矣，教人求道入德之方备矣。师生函文间，往复诘难，其辨愈详，其义愈精。读之竦然如侍燕间，承謦欬也。历千载而如会一堂，合众闻而悉归一己，是书之传，岂小补哉。

又李性传成之序曰：

池录之行，文肃黄公直卿既为之序。其后书与伯兄，乃殊不满意。且谓不可以随时应答之语易平生著述之书。性传谓记者易差，自昔而然。和靖称伊川之语曰：某在，何必观此书？文公先生则曰：伊川亡，则不可以不观。愚谓《语录》与《四书》异者，当以《书》为正，而论难往复《书》所未及者，当以《语》为助。与《诗》《易》诸书异者，在成书之前亦当以《书》为正，而在成书之后者，当以《语》为是。非特此也，先生平日论事甚众，规恢其一也。至其暮年，乃谓：言规恢于绍兴之间者为正，言规恢于乾道以后者为邪。非《语录》所载，后人安得而知之。

伯兄谓李心传微之。直卿虽有不满《语类》之意，成之所云可谓正论。如《论孟集注》成于朱子四十八岁，此后二十余年递有改易，其最后所定，固是观今本而可知。然其二十余年中不断改定之曲折层次，则幸有《语类》可资钩稽，此性传所谓“当以语为助”也。又如《易本义》成稿后即未有改定，而《语类》论《易》，多有在《本义》后与《本义》异者，此性传所谓“当以语为是”也。

抑且著书作文与对面言谈自有不同。“流落人间者，泰山一毫芒”，学者千里从师，不以读其书为足，必以见其人为快。不仅可以质疑问难，亦必有闻其所未闻者。《朱子语类》，尤与其他理学家之语录不同。理学家语录，大率多谈性理，《朱子语类》，则上自天地之所以高厚，下至一物之微，几于无所不谈。今《语类》一百四十卷中，轶出于其著书范围者甚多。性传指其言规恢一端，诚如沧海之一粟而已。直卿重其师之著述，而轻其同门之所记录，窃恐将使后人无以真得朱子学之大精神所在。直卿之言曰：历千载而如会一堂，合众闻而悉归一己，是书之传，岂小补哉？斯可谓直卿对《语类》一书价值最恰当之评论。

袁桷清容有言，朱子门人当宝庆绍定时，不敢以师之所传为别录，以黄公勉斋在也。勉斋既没，夸多务广，《语录》《语类》争出，而二家之矛盾始大行。窃谓此说亦颇易启后人对《语类》之误会。朱陆之争，朱子贻书友好，常嘱勿传布，恐多增纷呶。其随时面告门人，亦必戒其勿多宣扬。并屡以集两家之长，补自己之短为训。然两家之有争论，则为不可掩之事实。直卿《朱子行状》有曰：

> 求道而过者，病传注诵习之烦，以为不立文字，可以识心见性。不假修为，可以造道入德。守虚灵之识，而昧天理之

> 真。借儒者之言，以文佛老之说。学者利其简便，诋訾圣贤，捐弃经典。猖狂叫呶，侧僻固陋，自以为悟。

此其斥陆学，可谓辞严义正。又为书《朱子行状》后有曰：

> 流俗之论，以为前辈不必深抑，异说不必力排。称述之辞，似失之过。孔孟诸贤，至谓孔子贤于尧舜，岂以抑尧舜为嫌乎？孟子辟杨墨而比之禽兽，卫道岂可以不严？夫子尝曰莫我知也夫，又曰知德者鲜矣，甚矣圣贤之难知也。知不知，不足为先生损益，然使圣贤之道不明，异端之说滋炽，是则愚之所惧，而不容于不辩。

此处言异端，正指陆学。直卿方以尊师斥陆为不容已之辩，乌有如清容之所云。

抑且《语类》中直指二程解经误失，不下三四百条以上，其驳正二程之自立说者亦复不少。其于程门诸儒之走失师传，更多指摘。此皆不见于文集及著述中。文集著述发明大义，其与门弟子之谈说，则转多微言。若置《语类》不读，岂能得此曲折细微之所在。

惟读《文集》《语类》，有一点最当注意者，即为《文集》各篇《语类》各条之年代先后。《文集》起自朱子二十余岁，先后共历四十余年。《语类》起自朱子四十余岁，先后共历二十余年。其间多有明白年代可据，亦有可推勘而得。亦有虽不能得其确年，而可断定其在某年上下数年之内者。朱子历年思想见解之递转而递进，与夫其言辨考索之愈后而愈密，皆可由此觇之。其间容有记录错失，然果错纵以求，会合而观，亦将无所遁形。惟如吴坚所云：但涉猎乎《语录》，而不玩味于成书，几乎而不为入耳出口之资，此则亦所当戒。

清儒朱泽沄止泉论《朱子语类》极为有见，兹录其语如下。

> 《语类》一书，晚年精要语甚多。五十以前，门人未盛，录者仅三四家。自南康浙东归，来学者甚众，诲谕极详。凡文词不能畅达者，讲说之间，滔滔滚滚，尽言尽意。义理之精微，工力之曲折，无不畅明厥旨。诵读之下，謦欬如生。一片肫恳精神，洋溢纸上。在当日诸门人，前后各得一说，彼此各闻一义，而后人读之，反聚前后彼此之各闻者，汇萃参伍，这处那处，表里始终，真有登高自卑，行远自迩，渐进渐高远之妙。是安可概以门人记录之不确而忽之。

此最为能道出《语类》价值所在。盖《语类》乃是朱子五十后晚年学问思想所荟萃，而又随问流露，活泼生动，委悉详备。《语类》之在朱学全部系统中，正如画龙点睛，使人读之，有破壁飞去之感。朱子之精神笑貌，毕寓于此，千年如会于一堂，众闻悉归之一己，较之亲炙，亦何多逊。治朱学而期于深山之得宝，则《语类》一书，断不可忽。本书所收材料，以《文集》《语类》为主。属晚年者，则更以《语类》为多。至于朱子之著述，有待学者循书寻索，首尾备究。本书所引，力求简省。即《四书集注章句》，亦复如此。学者幸勿以本书不多引及而忽之。

惟有一事最当提及者，门户之见，实为治朱学者一绝大之障蔽。明程敏正《篁墩著道》一编，证朱陆两家之始异而终同。王阳明《朱子晚年定论》继之。其说之非，同时罗钦顺整庵已疑之。此后陈清澜《学蔀通辨》对王说力肆诋辩。此下言朱学者则必称清澜之书。然朱子成学在晤象山以前，其为学自有根柢与其独特之精神所在，初不为针对象山而发。今于学术大范围之内，单划出理学一小圈，又于理学一小圈之内，专勾出朱陆异同一线，乃于此一条线上进退争持。治陆王学者，谓朱子晚年思想转同于陆，此犹足为陆学张目。治朱子学者，仅证得朱子晚年并无折从于陆之痕迹，岂朱子学之价值固即在是乎？孙承泽著《考正晚年定论》，谓朱子四十五以后，实无一言合于陆氏，亦无一字涉于自悔。李绂穆堂又著《朱子晚年全论》，谓尽录朱子五十一岁至七十一岁论学之语见于《文集》者一字不遗，共得三百七十余篇，其言无不合于陆子。同时王白田辑《朱子切要语》，陈兰甫讥之，谓其书专为排陆王而作。而夏炘心伯论穆堂《晚年全论》不过为《学蔀通辨》报仇。此等诚是学术界一大可骇怪之事。治陆王学者以陆王为中心，而治朱学者则以反陆王为中心。孟子有言：能言距杨墨者，圣人之徒。一若朱子之得列为圣学，亦只为其能与象山持异。窃谓朱学之晦而不彰，有四大害。其一害于科举之陋儒，志在名位，不在学术。其二被祸于清帝王之表扬，与夫承望恩泽之一辈伪学者之希旨而邀宠。然此二者，尚皆在学术之外。其三更甚者，则为治朱学而专务于争门户，一若只于陆王之反面求之，即为朱子精旨所在，此则尤为治朱学之绝大障蔽。

而又有第四害，自有朱子，理学大盛，道家固已不振，而释氏禅宗亦如强弩之末，更不能与理学相争衡。于是诤朱反朱者，乃亦只限于儒者与理学之一大传统之内，更无超出于此以起与朱子持异者，此尤为朱子学不能大发明大振起之一大障蔽。今则西学东传，国内学术思想界又引起一激动，或者朱子学转有复兴重光之机，此则为本书著者所深望。

黄梨洲为《明儒学案》，其书阐扬王学，颇见精彩。晚年有意为《宋元学案》，既非夙所究心，殊难胜任愉快。其子百家主一承其家学，以王学余绪衡量两宋，宜于不得要领。全祖望谢山本于理学寝馈不深，又濡染于李穆堂之偏见，其修补黄氏父子之《宋元学案》，所费工力甚为深博，然于平章学术，考镜得失，则多有偏阿。于陆学则每致回护，涉及朱学，则必加纠弹。其语散见，不易觉察。治理学者每先窥此书，凭之入门，而不知其已引导入于歧途。非惟不足升堂奥，亦将无以窥门墙。本学案多引朱子原书，颇少牵引他说。惟黄全《学案》乃学者所必治，虽不能一一加以驳正，然于紧要处亦偶有提及。读者举一反三，可知本书与黄全《学案》着眼不同，持论有别。然亦并不专在朱陆异同一问题上立意，则深望读者之加察。

学案旧例，仅是散摘诸条，略加评案，易使读者如看格言集，或读相驳书，几如理学家言非属教训，即系辨诘。学术气味不免冲淡，思想条理更难体究。使人对理学诸家易生厌倦。在理学盛时，其病尚不易显。今值理学已衰，学案旧体例亟待改进。本书多分篇章，各成条贯，使人每读一条，易于了解其在一家思想全体系中之地位与意义。分而读之，固可各见其有然。合而思之，乃可尽见其所以然。自可知一家学术，必有其根柢所在，与其精神所寄。固不轻为教训，亦非专务辨诘。因名本书为《新学案》，亦只指其体例言，非敢标新而立异，以期哗众而取宠。学者其谅之。

学者初看理学家语录，每易感其枯燥。学案中又加以摘录，则枯燥之病益见。本书钞撮朱子《文集》《语类》，每不厌其繁，又不厌其重复，有一义而辗转引述至十数条数十条之多。并亦一仍原文，不轻删削。期使读者低徊循诵，反复思绎，得其浸灌膏泽之润，达于欢畅洋溢之趣。抑且朱子书繁重难读，尝一脔知鼎味，此一脔则必求其味之腴者，乃可使人虽不见鼎而无憾。斯亦求读者之谅察。

治一家之学，必当于其大传统处求，又必当于其大背景中求。本书采录朱子所言，止于组织条理，读者自可因文见义，不烦多所阐申，此亦窃师朱子教人解经注书之遗意。惟作者私人仰止赞叹之情，则亦时有不能已于默者。嘤鸣之求，理宜有此，读者当不以煖煖姝姝于一先生之言而加以菲薄。其他苟有所发挥，则胥于大传统处，大背景中，稍作指点，使读者于传统中见朱子之创辟，于背景中见朱子之孤往。

知人论世，自古所贵。治朱子学，则必求明朱子其人及其时代。自昔有《朱子年谱》，始作者为其门人李方子果斋，然原本已不传。此下有明儒李默古冲，清儒洪璟去芜，递有所作。其最后最著者，则为王白田本。其书经二十余年四易稿而后定，较之李洪两谱，所胜实多。然白田《年谱》用力虽勤，而识解容有未透，又不脱门户之见，亦未能窥朱子学之深邃，其同时友好朱止泉曾贻书力辨，而白田未能接受。夏心伯著《述朱质疑》十六卷，于白田《年谱》颇多纠正。然王夏两氏，姑不论其于朱子学术大体未能深窥，即就考订事迹言，亦尚不免各有疏失。本书因治朱学者必读王谱，故于其书亦多驳正，而兼及于夏氏书。此亦犹如驳正黄全《学案》，皆不得置而不谈，非欲泛滥旁及。

本书初欲分为三编，一思想之部，一学术之部，又一则为经济之部。凡朱子仕宦所及之政绩，及其对当时之政论政见皆属之。今成思想学术两编，篇幅已多，其第三编，自问无以远出乎王氏《年谱》夏氏《质疑》之上。此两家书纵有疏失，亦易考见，故不复作。而于朱子对当时之政论政见，则散附其一二于史学篇，虽不能详，要亦可见其大体。

本书既成，为其卷帙之已多，又为《提纲》一篇冠诸首。《学案》求详，重在记叙。《提纲》求简，稍加发挥。庶使读者易入。然真能发挥朱子学之本意者，宜莫如朱子本人。他人所发挥，或反易失朱子之本意。读者倪由《提纲》进读《学案》，更由《学案》进读朱子之原书，于朱子学术思想自多启悟。斯而后，可以各自有所发挥，此在古人，谓之自得之学，必如是始为可贵。否则只读《学案》，《学案》既力求详尽，虽不睹朱学之全貌，亦可窥朱学之概略。于此而求自得，亦不中不远。《提纲》仅为入门，若徒诵《提纲》，即谓已知朱子，而遽欲自有所发挥与评骘，此乃朱子平日教人最所力戒之事。是则余之为此《提纲》，正恐将因之得罪于朱子。惟若读《提纲》者，由是而知朱子思想之邃密，与夫其学术体系之博大，而因以知于旷代大儒，不当轻施己见，即属赞扬，已属逾分，妄作弹斥，决难确当。是则虽不治朱子之书，不修朱子之业，读此《提纲》，亦足为博学知服之一助。

《学案》与《提纲》，皆于朱子之学术思想分途叙述。其思想方面，虽片言只辞，皆出朱子所躬行实践，亲体默证。读者当反求诸己，心领神会，得一善而拳拳服膺，可以终身享受。此乃理学之所以为可贵处。至于学术方面，则不论经学史学文学及其他诸端，在朱子亦自有此成就而止，学者当不以其所成就而自限。只求得此矩范，明此途辙，鸢之飞，鱼之跃，海阔天空，将一任学者之自极其所至。朱子精神充满，气魄宏大，故能立大规模而兼斯两者。尊德性而道问学，致广大而尽精微，极高明而道中庸，四通六辟，成此一家。学者则贵各就才性所近，各自求有成立。若徒务博涉，不知反己，此恐不为能善学朱子，并亦将为朱子所不许。